यह कलम यह काग़ज़ यह अक्षर

सोचती हूँ-खुद के तखैयुल से, अपने देश से, अपने देश के लोगों से, और तमाम दुनिया के लोगों से-यानी खुदा की तखलीफ से, मेरी मुहब्बत का गुनाह सचमुच बहुत बड़ा है, बहुत संगीन.....

यह मुहब्बत-मेरी नज़्मों, कहानियों, उपन्यासों और वक्त-वक्त पर लिखे गए मज़मूनों के अक्षरों में कैसे उतरती रही, इसी का कुछ जायजा लेने के नज़रिये से, मेरी कुछ रचनाओं के कुछ अंश इस पुस्तक में दर्ज किए गए हैं.....

- अमृता प्रीतम

₹ 275
ISBN : 9789350641200

YEH KALAM, YEH KAGAZ, YEH AKSHAR (Novel)
by Amrita Pritam
मुद्रक : शीतल प्रिंटर्स, दिल्ली

राजपाल एण्ड सन्ज़
1590, मदरसा रोड, कश्मीरी गेट, दिल्ली-110006
फोन : 011-23869812, 23865483, 23867791
e-mail : sales@rajpalpublishing.com
www.rajpalpublishing.com
www.facebook.com/rajpalandsons

यह कलम, यह कागज, यह अक्षर

अमृता प्रीतम

राजपाल

क्रम

यह कलम
यह कागज़
यह अक्षर

बोधी गुंपा की तरफ से जब किसी कसूरवार को सज़ा दी जाती है, तो वह पत्थरों पर, महात्मा बुद्ध के श्लोक अंकित करने की सज़ा होती है। वह कितने दिन, कितने महीने या कितने साल हाथ में हथौड़ा-छेनी लेकर, पत्थरों पर वह श्लोक अंकित करता रहेगा उसके कसूर की गम्भीरता से तय होता है।

मुझे लगता है—मुहब्बत ने अपने सुनहरी गुंपा में बैठकर, बोधी गुंपा की तरह, मेरे लिए भी यही सज़ा सुना दी और शायद मेरे तसव्वुर में मेरी मुहब्बत का कसूर बहुत बड़ा है, संगीन जुर्म, इसलिए पूरी ज़िन्दगी के लिए यह सज़ा मुझे दी गई, और मैं तमाम ज़िंदगी हाथ में कलम लेकर, कागज़ों पर वही लिखती रही, जो मेरे चिंतन का और मेरे तखैयुत का फरमान था···

अपने तखैयुत से मेरी मुहब्बत का रिश्ता क्या है? उसी की बात कहने के लिए, कुछ एक पंक्तियां सामने आती हैं—

हमारे देश की तकसीम के वक्त बहुत कुछ भयानक हुआ। मेरे उपन्यास 'डाक्टर देव' के किरदार को जब ज़ख्मी लोगों की मरहम पट्टी के लिए बुलाया जाता है तो वह तड़प कर कहता है, "मनु! मैं कौन-सा मुंह लेकर उन जख्मियों के पास जाऊं? वे कहेंगे—आज इन्सान हमें पट्टी बांधने के लिए आया है, इनकी मरहम पट्टी तब कहां थी, जब रास्ता चलते, इसने पीछे से हमारी पीठ में छुरा घोंप दिया था? कातिल का चेहरा भी तो मेरे चेहरे जैसा रहा होगा···"

इसी तरह 'पिंजर' नावल की पूरो, दो मज़हबों की टक्कर में टूट जाती है। लेकिन जानती है कि नफरत के दाग को, नफरत के पानी से नहीं धोया जा सकता, और जब दोनों देशों की अगवाशुदा लड़कियां, अपने-अपने देश को लौटाई जाती हैं, तो पूरो कहती है, "चाहे कोई लड़की हिन्दू हो, या मुसलमान, जो भी अपने ठिकाने पर पहुंच रही है, उसी के साथ मेरी आत्मा भी ठिकाने पर पहुंच रही है···"

नज़्म, कहानी या नावल, मेरी नज़र में एक माध्यम है, बात को कहने का। मेरा एक नावल था 'दिल्ली की गलियां' जिसका किरदार नासिर एक मुसव्विर है, और एक

अखबार के लिए कार्टून भी बनाता है। उसी के एक कार्टून में, अंग्रेजी का एक प्रोफेसर अपने विद्यार्थियों से पूछता है, "आजकल कौन-सा लफ्ज़ आम ज़िंदगी में सबसे ज्यादा इस्तेमाल हो रहा है?" तो एक गंभीर विद्यार्थी उठकर कहता है, "सर ! यह 'ऐंटी' लफ्ज़ है, क्योंकि आजकल लोग ऐंटी मैरिट होते जा रहे हैं, ऐंटी विमैन, ऐंटी माईंड।"

इसी उपन्यास में एक किरदार कामिनी है, जो एक अखबार का कालम लिखती है। उसी के एक कालम के अलफाज़ हैं, "कभी डायर नाम के हाकिम ने गोलियां चलाई थीं, जिनके कुछ एक निशान आज भी जलियांवाला की दीवार पर दिखाई देते हैं। लेकिन सिस्टम नाम की चीज़, यानी वक्त का निज़ाम, जो गोलियां चला रहा है—मेहनत, हक, सचाई, ईमान और कद्र-ओ-कीमत जैसे कितने ही अल्फाज़ जख्मी हो रहे हैं। यह बात अलग है कि उन गोलियों के निशान किसी दीवार पर दिखाई नहीं देते।"

औरत की पाकीज़गी का ताल्लुक, समाज ने कभी भी, औरत के मन की अवस्था से नहीं पहचाना, हमेशा उसके तन से जोड़ दिया। इसी दर्द को लेकर मेरे 'एरियल' नावल की किरदार ऐनी के अलफाज़ हैं, "मुहब्बत और वफा ऐसी चीज़ें नहीं हैं, जो किसी बेगाना बदन को छूते ही खत्म हो जाएं। हो सकता है—पराए बदन से गुज़र कर वह और मज़बूत हो जाएं, जिस तरह इन्सान मुश्किलों से गुज़र कर और मज़बूत हो जाता है···"

औरत और मर्द का रिश्ता क्या है, और क्या हो सकता था, मैं इसी बात को कहना चाहती थी कि एक कहानी लिखी, 'मलिका'। मलिका जब बीमार है, सरकारी अस्पताल में जाती है, तो कागज़ी कार्रवाई पूरी करने के लिए डाक्टर पूछता है, "तुम्हारी उम्र क्या होगी?"

मलिका कहती है, "वही, जब इन्सान हर चीज़ के बारे में सोचना शुरू करता है, और फिर सोचता ही चला जाता है···"

डाक्टर पूछता है, "तुम्हारे मालिक का नाम?"

मलिका कहती है, "मैं घड़ी या साइकिल नहीं, जो मेरा कोई मालिक हो, मैं औरत हूं···"

डाक्टर घबराकर कहता है, "मेरा मतलब है—तुम्हारे पति का नाम?"

मलिका जवाब देती है, "मैं बेरोज़गार हूं।"

डाक्टर हैरान-सा कहता है, "भई, मैं नौकरी के बारे में नहीं पूछ रहा···"

तो मलिका जवाब देती है, "वही तो कह रही हूं। मेरा मतलब है कि मैं किसी की बीवी नहीं लगी हुई", और कहती है, "हर इन्सान किसी-न-किसी काम पर लगा हुआ होता है, जैसे आप डाक्टर लगे हुए हैं, यह पास खड़ी हुई बीबी नर्स लगी हुई है। आपके दरवाज़े के बाहर खड़ा हुआ आदमी चपरासी लगा हुआ है।

इसी तरह लोग जब ब्याह करते हैं—तो मर्द खाविंद लग जाते हैं, और औरतें बीवियां लग जाती हैं…"

समाज की व्यवस्था में किस तरह इन्सान का वजूद खो जाता है, मैं यही कहना चाहती थी, जिसके लिए मलिका का किरदार पेश किया। जड़ हो चुके रिश्तों की बात करते हुए, मलिका कहती है, "क्यों डाक्टर साहब, यह ठीक नहीं ? कितने ही पेशे हैं—कि लोग तरक्की करते हैं, जैसे आज जो मेजर है, कल को कर्नल बन जाता है, फिर ब्रिगेडियर, और फिर जनरल। लेकिन इस शादी-ब्याह के पेशे में कभी तरक्की नहीं होती। बीवियां ज़िदगी भर बीवियां लगी रहती हैं, और खाविंद ज़िदगी भर खाविंद लगे रहते हैं…"

उस वक्त डाक्टर पूछता है, "इनकी तरक्की हो तो क्या तरक्की हो ?"

तब मलिका जवाब देती है, "डाक्टर साहब हो तो सकती है, पर मैंने कभी होते हुए देखी नहीं। यही कि आज जो इन्सान खाविंद लगा हुआ है, वह कल को महबूब हो जाए, और कल जो महबूब बने वह परसों खुदा हो जाए…"

इसी तरह—समाज, मज़हब और सियासत को लेकर वक्त के सवालात बढ़ते गए, तो मैंने एक नावल लिखा, 'यह सच है' इस नावल के किरदार का कोई नाम नहीं, वह इन्सान के चिन्तन का प्रतीक है, इसलिए वह अपने वर्तमान को पहचानने की कोशिश करता है, और इसी कोशिश में वह हज़ारों साल पीछे जाकर—इतिहास की कितनी ही घटनाओं में खुद को पहचानने का यत्न करता है—

उसे एक पुरानी घटना याद आई, जब वह पांच पांडवों में से एक था, और वे सब द्रौपदी को साथ लेकर वनों में विचर रहे थे। बहुत प्यास लगी तो युधिष्ठिर ने कहा था, "जाओ नकुल पानी का स्रोत तलाश करो !"

जब उसने पानी का स्रोत खोज लिया था, तो किनारे पर उगे हुए पेड़ से आवाज़ आई थी, "हे नकुल ! मेरे प्रश्नों का उत्तर दिए बिना पानी मत पीना, नहीं तो तुम्हारी मृत्यु हो जाएगी"—लेकिन उसने आवाज़ की तरफ ध्यान नहीं दिया, और जैसे ही सूखे हुए हलक से पानी की ओक लगाई, वह मूर्च्छित होकर वहीं गिर गया था…

और मेरे नावल का किरदार, जैसे ही पानी का गिलास पीना चाहता है, यह आवाज़ उसके मस्तक से टकरा जाती है, "हे आज के इन्सान ! मेरे प्रश्नों का उत्तर दिए बिना इस गिलास का पानी मत पीना…"

और उसे लगता है—वह जन्म-जन्म से नकुल है, और उसे मूर्च्छित होने का शाप लगा हुआ है…वह कभी भी तो वक्त के सवालों का जवाब नहीं दे पाया…

इसी नावल में उसे याद आता है, "मैंने एक बार जुआ खेला था। सारा धन,

हीरे, मोती, पन्ने दाव पर लगा दिए थे, और मैं हार गया था मैंने अपनी पत्नी भी दांव पर लगा दी थी···"

और हवा में खड़ी हुई एक आवाज़ उससे पूछती है, "मैं दुर्योधन की सभा में खड़ी हुई द्रौपदी हूं, पूछना चाहती हूं—कि युधिष्ठिर जब अपने आपको हार चुके, तो मुझे दांव पर लगाने का उन्हें क्या अधिकार था ?"

मैं इस सवाल के माध्यम से यही कहना चाहती हूं, कि जब इन्सान अपने आपको दांव पर लगा चुका, और हार चुका है—तो समाज के नाम पर दूसरे इन्सानों को, मज़हब के नाम पर खुदा की मखलूक को, और सियासत के नाम पर अपने-अपने देश के वर्तमान और भविष्य को दांव पर लगाने का उसे क्या अधिकार है ?

इन्सान जो है, और इन्सान जो हो सकता है—यही फासला ज़हनी तौर पर मैंने जितना भी तय किया, उसी की बात ज़िंदगी भर करती रही···बहुत निजी अहसास को कितनी ही नज़्मों के माध्यम से कहना चाहा—

हथेलियों पर इश्क की मेंहदी का कुछ दावा नहीं
हिज्र का एक रंग है, खुशबू है तेरे ज़िक्र की···
एक दर्द, एक ज़ख्म एक कसक दिल के पास थी
रात को सितारों की रकम—उसे ज़रब दे गई···

और वक्त-वक्त पर जितने भी सवालात पैदा होते रहे—उसी दर्द का जायज़ा लेते हुए कितनी ही नज़्में कहीं—

गंगाजल से लेकर, वोडका तक—यह सफरनामा है मेरी प्यास का···
सादा पवित्र जन्म के सादा अपवित्र कर्म का—सादा इलाज···
किसी महबूब चेहरे को—एक छलकते हुए गिलास में देखने का यत्न···
और अपने बदन पर—बिल्कुल बेगाना ज़ख्म को भूलने की ज़रूरत···
यह कितने तिकोन पत्थर हैं
जो किसी पानी की घूंट से—मैंने गले से उतारे हैं
कितने भविष्य हैं—जो वर्तमान से बचाए हैं
और शायद वर्तमान भी—वर्तमान से बचाया है···

इलहाम के धुएं से लेकर, सिगरेट की राख तक···
हर मज़हब बरड़ाए
हर फलसफा लंगड़ाए
हर नज़्म तुतलाए—

और कहना-सा चाहे—
कि हर सल्तनत सिक्के की होती है, बारूद की होती है
और हर जन्मपत्री—आदम के जन्म की एक झूठी गवाही देती है···

पैर में लोहा डले
कान में पत्थर ढले
सोचों का हिसाब रुके
सिक्के का हिसाब चले···

और लगा—

आज मैंने अपने घर का नम्बर मिटाया है
गली के माथे पर लगा गली का नाम हटाया है
हर सड़क की हर दिशा का नाम पोंछ दिया है···
गर आपने मुझे कभी तलाश करना है···
तो हर देश के, हर शहर की, हर गली का द्वार खटखटाओ—
यह एक शाप है—एक वर है
और जहां भी स्वतन्त्र रूह की झलक पड़े
समझना—वह मेरा घर है···

बोधी गुंपा का मैंने हमेशा शुक्रिया अदा किया है—जिसने अपने कसूरवार के लिए पत्थरों पर महात्मा बुद्ध के श्लोक अंकित करने की सज़ा कायम की—और उसी खूबसूरत रिवायत के साए में खड़े होकर, मुहब्बत ने भी अपने सुनहरी गुंपा में बैठकर, मेरे लिए वही सज़ा सुना दी और मेरे चिन्तन का जो भी फरमान था—मैं उसे तमाम ज़िंदगी कागज़ों पर लिखती रही। सोचती हूं—खुद के तरवैयुल से, अपने देश से, अपने देश के लोगों से, और तमाम दुनिया के लोगों से—यानी खुदा की तखलीक से, मेरी मुहब्बत का गुनाह सचमुच बहुत बड़ा है, बहुत संगीन···

यह मुहब्बत—मेरी नज़मों, कहानियों, उपन्यासों और वक्त-वक्त पर लिखे गए मज़मूनों के अक्षरों में कैसे उतरती रही, इसी का कुछ जायज़ा लेने के नज़रिये से, मेरी कुछ रचनाओं के कुछ अंश इस पुस्तक में दर्ज किए गए हैं···

—अमृता प्रीतम

उपन्यास

ममता

ममता ने एक गवर्नमेंट स्कूल में नौकरी कर ली थी। स्कूल के स्टाफ-क्वार्टरों में उसने एक कमरा लिया था। स्कूल के क्वार्टरों में वह रहती, स्कूल के होटल में वह खाना खाती, स्कूल के क्लास रूम में वह बच्चों को पढ़ाती, और स्कूल की ही लाइब्रेरी में वह स्वयं पढ़ लिया करती थी। ढाई अक्षरों के 'स्कूल' शब्द ने उसे पूर्णतया अपना बना लिया था।

अपने कमरे में चारपाई पर सिरहाने की ओर दीवार पर सहारा लगाए वह आधी बैठी, आधी लेटी हुई-सी पड़ी थी। कमरे की खुली हुई खिड़की में से चन्द्रमा की चांदनी कमरे के आधे फर्श तक फैली हुई थी। ममता ने बिजली बुझा रखी थी।

हल्के नील से पुती हुई कमरे की दीवारें बड़ी भली लग रही थीं। ममता उन दीवारों की ओर एकटक देखती रही। वे दीवारें इस तरह दिखने लगीं, जैसे चारों ओर निर्मल, शान्त, नीला जल बह रहा है—शान्त नद, शान्त समुद्र। ममता की खाट एक नाव की तरह जल-प्रवाह में धीरे-धीरे बह रही है और उसमें ममता, अकेली, अपार जलराशि दाएं-बाएं, आगे-पीछे जल के वक्ष पर, शान्त, निश्चल बैठी हुई है, छोटी-छोटी लहरों में नितान्त निश्चल···

जिस तरह अंधेरे में आंखें अंधेरे की अभ्यस्त हो जाती हैं और फिर अंधेरे में भी धीरे-धीरे कुछ वस्तुएं परिचित-सी जान पड़ती हैं, ममता को लगा, जैसे अपार जल-राशि के दूसरे छोर पर कुछ मानव-आकृतियां-सी हिल रही हैं, जिनके मुख स्पष्टतया दिखाई नहीं देते, पर उनकी ऊंचाई, गठन और हाव-भाव से वे जानी-पहचानी-सी लगती हैं। अंधेरा कम होता गया, धुंधली आकृतियां पहचान में आने लगीं। ममता ने देखा, वह चेहरा देव का है···

देव का चेहरा सदा की तरह निर्मल-सा दीख पड़ रहा था। लंबे शरीर पर वह चेहरा दीप्तिमान था। शरीर से आज भी उसी शान्ति और स्थिरता का आभास हो रहा था। अंतर केवल इतना था कि विरह-यातना से पिघलकर उसके चेहरे की रेखाएं और भी कोमल बन गई थीं इसी कारण देव पहले की अपेक्षा कुछ दुबला दिखाई देता था। ममता की जमी हुई नजर उसके चेहरे पर टिकी रही। प्रेम की स्निग्धता उस समय भी देव के चेहरे पर ठीक उसी तरह थी। वह स्निग्धता ममता की आंखों में उतरती गई, उसकी स्थिर आंखें हिल उठीं, जमे हुए

स्रोत पिघल गए, देव के चरणों की ओर झुक रहे, गरम आंसू आंखों से बहने लगे। ममता ने कहा, "विदा, मेरे देव, विदा ! जी चाहता है कि यह नाव ठहर जाए और मैं किनारे लग जाऊं, तुम्हारे पास आ जाऊं, लेकिन साहस नहीं होता। यह जल-धारा मुझे किनारे से ले आई है, लिए जा रही है। अब मेरी नाव में और किनारे में बड़ा अन्तर पड़ चुका है। विदा ! देवजी, विदा।"

देव की सूरत पीछे रह गई, ममता की नाव उसी जल-धारा के साथ बहती चली गई, किनारे शून्य में विलीन हो गए।

फिर एक सूरत दिखाई दी। ममता देखती रही। पहचाना, वह जगदीश था। ममता ने एक गहरा सांस लिया। जगदीश के चौड़े माथे पर पीड़ा की पतली-सी रेखाएं उभर आई थीं, होंठ पहले की अपेक्षा कुछ सफेद पड़ गए थे। जगदीश ने आंखें फैलाकर ममता की ओर देखा, उसकी आंखों में प्रेम भी था, उलाहना भी और सहानुभूति भी। और इन सबसे अधिक उसकी आंखों से प्रकट होती थी अन्तर्वेदना की कसक। और कसक के ऊपर एक और छाया-सी थी, और वह छाया थी 'एक मांग' की। ममता से देखा न गया। उसने आंखें और झुका लीं, हृदय से निकला, 'मुझे माफ कर दो ! मुझे क्षमा कर दो ! मैं आपको क्या दे सकती हूं ! देख लीजिए, मेरा आंचल खाली है, मैं सब पूंजी लुटा चुकी हूं। आप मोतियों के व्यापारी थे, पर मैं कंगाल होकर आपके पास आई। टूटे-फूटे मनके सस्ती सीपियां, छोटी-छोटी कौड़ियां, मैं आपके चरणों में अर्पण करते समय लजा गई, मेरी निर्धनता लजा गई, मैंने आपको बता दिया कि मेरे पास कुछ नहीं है, मैं खाली हूं···मुझे क्षमा कर दो···क्षमा !' ममता ने आंखें नीची कर लीं। उसे लगा, कि जगदीश के सामने लज्जानत नेत्रों को नहीं उठा सकेगी।

नाव बहती गई, किनारे के वृक्ष-पौधे, किनारे के फूल-पत्ते, किनारे के कंकड़-मिट्टी, सबकुछ पीछे छूटते गए। जगदीश की मूर्ति भी अब पीछे रह गई थी। ममता ने सिर उठाया—

किनारे की भीगी हुई रेत पर एक बच्चा खड़ा हुआ था, अंजली-भर लहू और मुट्ठी-भर मिट्टी की बनी हुई वह एक बच्चे की मूर्ति थी। वह ममता की ओर देख रहा था, जैसे एक नन्हा-सा बालक किसी अपरिचित मुख को पहचानने की चेष्टा कर रहा हो। ममता कांप उठी, उसने सिर झुका लिया। नाव जल के प्रवाह में बहती गई। हलके हिलोरों से ममता को कुछ ऊंध-सी आ गई। पवन जल से टकरा रही थी, जल में से झरझर ध्वनि उठ रही थी, जैसे कोई सोया हुआ करुण राग लहरों में से जाग रहा हो। ममता ऊंघते-ऊंघते चौंक पड़ी। किनारे से एक बच्चे के रोने की आवाज़ आ रही थी।

ममता ने देखा, एक छोटी-सी बच्ची किनारे पर घुटनों के बल चल रही थी। न जाने उसे मिट्टी गीली लग रही थी या उसके शरीर में कुछ चुभ गया था, वह

रोती हुई घुटनों के बल चलने की चेष्टा कर रही थी। ममता डर गई, वह लुढ़कते-लुढ़कते कहीं पानी में न गिर जाए। ममता ने घबराकर दोनों बांहें आगे की ओर फैला दीं, कि उस बालिका को थाम ले, उसे उठा ले, उसे चुप करा दे, झाड़-पोंछकर गोद में ले ले। ममता की बांहें बाहर को फैली रह गईं! किनारा बहुत दूर था, बच्ची बहुत दूर थी, जल का वक्ष विशाल था, नाव आगे को बहती जा रही थी, बच्ची प्रतिपल पीछे छूटती जा रही थी।

आंखें देखती रहीं, पीछे मुड़-मुड़कर ताकती रहीं। धुंधला आकार भी मिट रहा था। आंखें विवश होकर रह गईं। जल की धारा उसी प्रकार प्रवाहित थी। नाव की गति में कोई अन्तर नहीं आया था। ममता को विवश होकर सामने की ओर देखना पड़ा। वह देखती रही। दूर किनारे पर कुछ परछाइयां-सी नज़र आईं।

ममता की माता, ममता के पिता, ममता का बड़ा भाई, ममता की बड़ी बहन—घुटनों के बल झुके हुए थे। उनके सिर के ऊपर कुछ परछाइयां-सी लटकती हुई दिखाई दे रही थीं। चेष्टा करने पर भी वे परछाइयां पहचान में न आती थीं। ममता ने बड़े ध्यान से देखा और अनुमान लगाया शायद यह उसकी माता की माता थीं, यह उसके पिता के पिता थे, और अन्य परछाइयां शायद उनके भी पूर्वजों की थीं। वर्षों के, शताब्दियों के संस्कारों के कारण उनके मुख पर खरोंचें पड़ी हुई थीं। उन सबके मुख रुआंसे हो रहे थे, रो रहे थे, झुके हुए थे, लज्जानत थे। माता ने एक बार उन सबको देखा, फिर मुख फेर लिया।

किनारे की ओर से गले में रुकी हुई और आंसुओं से भीगी हुई-सी कुछ आवाज़ें आईं, "हमें क्षमा कर दे बेटी! हमें क्षमा कर दे, बहन! हम दोषी हैं, गुनहगार हैं···"

आवाज़ें उनके गले में रुक गईं; उनके आंसुओं में अटक गईं। ममता सिर से पैर तक निढाल हो गई। दाएं हाथ से उसने अपने माथे को थाम लिया। एक गहरी सांस ममता के मुंह से निकल गई। फिर उसने धीरे-से किन्तु स्पष्ट आवाज़ में कहा, "भगवान आपको क्षमा करें।"

नाव उसी प्रकार चलती रही। कितना ही समय बीत गया। ममता ने सिर उठाकर किनारे की ओर नहीं देखा। न जाने किनारे पर नये बौर से लदे हुए वृक्ष थे, अथवा सूखे झाड़-झंखाड़। निस्तब्धता अत्यन्त भयानक थी, जैसे सुनसान घाटी में शून्यता के अतिरिक्त और कुछ न हो। मीलों तक फैली हुई शून्यता, सबकुछ जमा हुआ, सबकुछ बर्फ, जिसमें कोई जीव-जन्तु न हो, कोई पशु-पक्षी न हो, पक्षी भी मानो बर्फ में जम गए हों, बर्फ के बने हुए खिलौनों की तरह शायद कहीं पड़े हुए हों। पर कोई आवाज़ नहीं, जीवन का कोई चिह्न नहीं···

फिर किनारे से एक शोर-सा सुनाई दिया। लगता था, जैसे कोई शहर अथवा गुंजान घाटी नाव के रास्ते में आ गई है। बच्चों का रुदन और हास्य, युवकों का

संलाप, बूढ़ों के तर्क, स्त्रियां, पुरुष, आहें, नारे—सब तरह की आवाज़ों का एक समूह जिसमें ममता के कान फटे जा रहे थे। ममता ने सिर उठाकर इधर-उधर नहीं देखा, अपने कानों में उंगलियां डाल लीं। कोलाहल बहुत दूर जान पड़ने लगा। ममता ने थककर अपना सिर अपने घुटनों पर रख लिया। नाव जल की धारा के साथ बहती रही। घुटी हुई, सिकुड़ी हुई एक गठरी-सी बनी हुई ममता नाव में बैठी रही। नींद ने आकर समस्त चेतनाओं को समेट लिया···

तरल जल सख्त-सा होने लगा, जमते-जमते मिट्टी बन गया, ईंटें बन गया; दीवारें बन गया; लकड़ी की नाव, लकड़ी की खाट बन गई। स्कूल के स्टाफ क्वार्टरों में, अपने कमरे में ममता सो गई थी···

—**डाक्टर देव** उपन्यास से

1947

जिस तरह खरबूजा फांक-फांक हो जाता है, उसी तरह शहरों में, गांवों में, मनुष्यों से मनुष्य फटते जाते थे।

जैसे हवा के साथ उड़-उड़कर धूल आती है वैसे ही आस-पास के कस्बों से खबरें आती थीं। आदमी पर आदमी मारे जा रहे हैं, घर के घर जल रहे हैं। पड़ोसी को पड़ोसी मार रहा है। राह चलते को राह चलता तलवार के घाट उतार जाता है। लोगों की जान सुरक्षित नहीं थीं, उनका माल सुरक्षित नहीं था।

पूरो सबकुछ आंखों से देखती थी, कानों से सुनती थी। उसके अपने गांव में और आस-पास के गांवों में भी लोग लोहा इकट्ठा कर रहे थे, लोहे पर सान धर रहे थे, अपने घरों की छतों पर ईंटें इकट्ठी कर रहे थे, भाले और बरछियां संभाल-संभालकर अपनी कोठरियों में रख रहे थे।

"यहां हमारा अपना राज होगा, यहां हमारी अपनी हकूमत होगी" हर एक यही कहता था। "यहां हम हिन्दू का बीज भी रहने नहीं देंगे" लोग चौराहों पर खड़े हो-होकर कहते थे।

"कभी ऐसा होते भी सुना है ?" पूरो बार-बार सोचती। "भला इतनी सृष्टि जाएगी कहां ?" पूरो रह-रहकर सोचती।

"लोगों को झूठमूठ एक जनून आता है" पूरो कहती, "चार दिनों की आंधी है, आएगी और चली जाएगी।"

पर लोग थे कि मानो पागल हो गए थे, बस बुरी-बुरी बातें ही करते थे। कहीं से भी भली खबर न आती थी। फिर पूरो ने सुना शहरों में गलियां लहू से भर गई हैं, बाज़ार के बाज़ार मुर्दों से पट गए हैं, सड़ती हुई लाशों से बदबू उठने लगी है,

उन्हें कोई जलाता-फूंकता नहीं, कोई उन्हें दबाता-गाड़ता नहीं, लोग कह रहे थे, इतने मुर्दों की सड़ांद से सारे देश में बीमारी फैल जाएगी।

फिर उस वर्ष की पन्द्रह अगस्त बीत गई। गांव में ढोल बजे, चांद और तारों वाले हरे रंग के झंडे लगे। प्रतिदिन मसजिद में लोग इकट्ठे होते थे। गांव के हिन्दुओं के मुख पर मानो किसी ने हल्दी फेर दी थी।

फिर पूरो ने सुना कुछ शहरों में सीमाएं बना दी गई थीं। इनके एक ओर मुसलमान रह गए थे, दूसरी ओर सारे हिन्दू चले गए थे। फिर पूरो ने सुना, उधर दूसरी ओर से मुसलमान मरते-कटते चले आ रहे थे, बहुत-से वहीं मर गए थे, बहुत-से रास्ते में खत्म हो गए थे, बहुत-से इधर पहुंचकर मर रहे थे।

पूरो के कान सुन-सुनकर जैसे फट चले हों!—पूरो ने सुना, मुसलमान हिन्दुओं की लड़कियों को और हिन्दू मुसलमानों की लड़कियों को उठाकर ले गए हैं, कइयों ने उन्हें अपने घरों में डाल लिया है, कइयों ने उन्हें जान से मार डाला है, और कइयों को वह नंगा करके गलियों और बाज़ारों में घुमा रहे हैं।

गुजरात जिले के उन गांवों में, जो पूरो के गांव के आस-पास लगे हुए थे, सबसे पीछे उपद्रव हुए। पूरो के अपने गांव वाले, उसकी अपनी बिरादरी वाले, पूरो के अपने रशीद को छोड़कर, रशीद के सारे सम्बन्धी-कुटुम्बी भी, वहशी बने फिरते थे। पूरो को साहस न होता था, और न रशीद के बस की बात थी कि किसी को कुछ समझावें-बुझावें।

उनके आस-पास के गांवों के हिन्दू भागने लगे। उनकी गायें अपने खूंटों से बंधी रह गयीं, उनकी भैंसें भां-भां डकराने लगीं—उनके भरे-भराये घर पीछे छूट गए, उनके खेत, मालिकों के मुंह ताकते रहे। वह रातों-रात भागते, वह गांवों की सीमा पर मारे जाते, वह बीसियों कोस चलते रहने के बाद मरे हुए मिलते।

पूरो के गांव के सारे हिन्दू अपनी एक बड़ी हवेली में चले गए थे। यदि कोई खिड़की या दरवाज़ा खोलकर बाहर आ जाता तो तुरन्त मृत्यु उसे अपने झपेटे में ले लेती थी। कहते थे कि हवेली में उन्होंने अनाज इकट्ठा किया हुआ था। कोई हिन्दू बाहर देखता नहीं था। कोई हिन्दू स्त्री बाहर झांकती नहीं थी।

पूरो के गांव में केवल मुसलमान रह गए थे। गांव में हिन्दू पशुओं की भांति हवेली में फंसे हुए थे। एक दिन उसके गांव वालों ने मिलकर हवेली पर हमला किया। उन्होंने निश्चय किया था कि वह हवेली वालों का नाम मिटा देंगे। उन्होंने बन्द घरों के ताले तोड़ डाले, अलग-अलग घरों के मालिक बन बैठे। यदि कभी रात-बिरात कोई हवेली से नीचे उतरता, अगले दिन पूरो गांव में उसकी लाश पड़ी देख लेती थी।

एक दिन उन्होंने न जाने किस तरह हवेली के दरवाज़ों और खिड़कियों पर तेल डाला, और तेल से भीगे हुए दरवाज़ों और खिड़कियों में आग भी लगा ली

थी जब हिन्दू मिलिटरी के ट्रक उनके गांव में पहुंच गए।

हवेली के भीतर से आग की लपटों जितनी ऊंची चीखें भी निकल रही थीं जब कि मिलिटरी ने आग बुझाई और भीतर से आदमी निकाले। उन घबराये हुए लोगों को उन्होंने लारियों में बिठा दिया। आधे जले हुए तीन आदमी भी निकाले गए जिनके शरीर से चरबी बह रही थी, जिनका मांस जलकर हड्डियों से अलग-अलग लटक गया था। कोहनियों और घुटनों पर से जिनका पिंजर बाहर को निकल आया था। लोगों के लारियों में बैठते-बैठते उन तीनों ने जान तोड़ दी। उन तीनों की लाशों को वहीं भूमि पर फेंककर लारियां चल दीं। उनके घर वाले चीखते-चिल्लाते रह गए, पर मिलिटरी के पास उन्हें जलाने-फूंकने का समय नहीं था।

पूरो का गांव खाली हो गया था। पराई कौम का कोई आदमी भी बाकी नहीं रह गया था। केवल तीन लाशें हवेली के बाहर पड़ी हुई थीं जिनके पिंजर पर बचे हुए मांस को दिन में ही गांव के कुत्तों और कौवों ने नोंच लिया था।

पूरो की आंखों में जैसे किसी ने सीसे के कंकड़ डाल दिए हों! एक दिन पूरो ने दस-बारह मनचले नवयुवकों को एक नंगी जबान लड़की को अपने आगे करके, दोनों हाथों से ढोल-ढमक्के बजाते अपने गांव के पास से गुज़रते देखा। न जाने वे किस गांव से आए थे और किस गांव को चले गए।

पूरो को लगता मानो इस संसार में जीना दूभर हो गया हो, मानो इस युग में लड़की का जन्म लेना ही पाप हो।

उसी दिन संध्या के समय पूरो को गन्ने के खेत में छिपी हुई एक लड़की दीख पड़ी जिसे रात के घोर अन्धकार में वह अपने घर ले आई।

उस लड़की ने पूरो को बताया कि पास के गांव में एक कैम्प खुला हुआ था जहां गांव के हिन्दू इकट्ठे हो गए थे और प्रतीक्षा कर रहे थे कि मिलिटरी उन्हें यहां से निकालकर कब दूसरी ओर हिन्दुस्तान ले जाएगी। इस ओर की फौज कैम्प की रखवाली करती थी। पर प्रतिदिन रात को कुछ मुसलमान चोरी-छिपे आकर कैम्प की जवान लड़कियों को उठाकर ले जाते थे और अगले दिन तड़के ही उन्हें वापिस छोड़ जाते थे।

उस लड़की ने पूरो को बताया कि पूरी नौ रातें हो गई थीं उसे रोज़ रात को नये-नये लोगों के घरों में जाना पड़ा था। पिछली रात वह किसी प्रकार अपने ले जाने वाले को धोखा देकर भाग गई थी, दौड़ते-दौड़ते वह इस गांव में आ पहुंची थी। जब सुबह के समय उजाला होने लगा तब वह निश्चय न कर सकी कि किधर जाय। उसने दिन का सारा समय ईख के खेत में लुके-छिपे पड़े रहकर बिताया...

पूरो यह सब सुन-सुनकर विक्षिप्त-सी हो गई थी। उससे और न सुना जाता था। पूरो को जैसे इन बातों का विश्वास न होता था। पूरो ने उस लड़की को अपने घर की पिछली कोठड़ी में रख लिया। वहां पूरो के घर का गेहू पड़ा था, भैंस

का खली-भूसा पड़ा हुआ था।

दूसरे दिन दो आदमी दौड़े-दौड़े आए। उन्होंने सारे गांव वालों से पूछा कि किसी ने एक लड़की देखी है ? वे गांव वालों के आंगनों में भी झांक-झांककर देख गए, पर लड़की का कुछ पता न चला।

पूरो के मन में कई प्रकार के प्रश्न उठते, पर वह उनका कोई उत्तर न सोच सकती। उसे पता नहीं चलता था कि अब इस धरती पर, जो कि मनुष्य के लहू से लथपथ हो गई थी, पहले की भांति गेहूं की सुनहरी बालियां उत्पन्न होंगी या नहीं···इस धरती पर जिसके खेतों में मुर्दे पड़े सड़ रहे हैं अब भी पहले की भांति मकई के भुट्टों में से सुगन्ध निकलेगी या नहीं···क्या ये स्त्रियां इन पुरुषों के लिए अब भी सन्तान उत्पन्न करेंगी जिन पुरुषों ने···

—पिंजर उपन्यास से

कामिनी

सिर से पैरों तक कामिनी के ज़िस्म में एक कम्पन उतर गया। सुनील उसके सामने खड़ा था। वह चुपचाप कामिनी की तरफ देख रहा था। कामिनी को लगा कि सुनील की आंखें उसके दिल से बिंधकर गुज़र रही थीं।

करीब दो मिनट पहले कामिनी के केबिन का दरवाज़ा खोलकर चपरासी ने कहा था कि कोई साहब मिलने आए हैं। कामिनी ने मेज़ पर पड़े हुए कागज़ पर से सिर नहीं उठाया था। कागज़ पर आंखें गड़ाए लिखते हुए ही सिर के इशारे से चपरासी को उसे अन्दर भेज देने के लिए कह दिया था। कामिनी ने जिस होनी की कई बार कल्पना की थी, पर जो होनी कभी घटित नहीं हुई थी, अब काफी दिनों से कामिनी ने उसकी कल्पना भी छोड़ दी थी।

कभी इन्सान की ज़िन्दगी में ऐसा वक्त भी आता है जब उसको या तो यह लगता है कि उसे दुनिया की कोई ज़बान नहीं आती, और या यह लगता है कि उसके मुंह में ज़बान नहीं है। कामिनी ने जब सुनील की तरफ देखा तो उसे अहसास हुआ कि दुनिया की हर ज़बान का हर लफ्ज़ उसको भूल गया था।

"चार बजे हैं, दफ्तर पांच बजे तक रहोगी ?" सुनील ने इतनी सादगी से पूछा, जैसे वह कुछ सालों के बाद नहीं कुछ दिनों के बाद आया हो।

"हां।" कामिनी ने इतना ज़बान से नहीं जवाब दिया जितना सिर के इशारे से।

"अच्छा ! मैं पांच बजे आऊंगा। यहां से मेरा होटल बहुत नज़दीक है। एक घण्टे के बाद फिर आ जाऊंगा।" सुनील ने कहा। कामिनी से पूछा कुछ नहीं। उसने सिर्फ कहा और चला गया।

मेज़ के पास खड़ी हुई कामिनी ने अपने कांपते-से ज़िस्म को मेज़ का सहारा दिया। समय को रुकते कभी किसी ने देखा नहीं, पर कामिनी को लगा कि उसने आज समय को रुकते हुए देखा है और समय के साथ अपने सांस को भी रुकते हुए देखा है।

मालूम नहीं कितनी देर के बाद और क्यों—कामिनी का हाथ टेलीफोन की तरफ बढ़ा। कामिनी ने अपनी स्मृति को कुरेदकर नासिर के टेलीफोन के नम्बर को अपने ख्यालों में दुहराया। पर फोर सैवन एट···या एट सैवन···या एट फोर··· सारे नम्बर जैसे आंखों के सामने उलट-पुलट गए। कामिनी ने घबराकर आंखें बन्द कर लीं।

उसके दाएं हाथ की उंगलियां कुछ देर नंबरों को घुमाती रहीं। उंगलियां शायद कामिनी की स्मृति के इतना बस में नहीं थीं जितना कि एक आदत के बस में। जब दूसरी तरफ घंटी बजी तो नासिर की आवाज़ सुनाई दी···

"मैं कामिनी बोल रही···हूं···"

"हां, कामिनी!"

"आप एक-दो मिनट···यहां मेरे दफ्तर···"

"क्या हुआ कामिनी?"

"कुछ नहीं।"

"मैं अभी आ रहा हूं···अभी दो मिनट में।"

नासिर का दफ्तर कामिनी के दफ्तर से ज़्यादा दूर नहीं था। उस दफ्तर की सीढ़ियां उतरने में और तीन इमारतों के बाद इस इमारत की सीढ़ियां चढ़ने में नासिर को मुश्किल से सात-आठ मिनट लगे होंगे। पर मेज़ के पास खड़ी हुई कामिनी को महसूस हुआ कि वह कई घण्टों या शायद कई दिनों से वहां खड़ी कांप रही थी।

"कामिनी!"

"आज सुनील यहां आया था।"

"सुनील?"

"शायद एक बार मैंने आपको बताया था कि जिन दिनों मैं कालेज में पढ़ती थी···"

"मुझे मालूम है कामिनी!"

"आज···कुछ देर हुई है···मालूम नहीं कितनी देर हुई है···अब कितने बजे हैं?"

"साढ़े चार, चार पैंतीस।"

"उसने तब मुझे कहा था कि अब चार बजे हैं, मैं फिर पांच बजे आऊंगा।"

"पर कामिनी···"

"हां।"

"व्हाई आर यू वीपिंग ?"

"मैं ? नहीं तो···"

नासिर ने एक पल के लिए कामिनी के चेहरे की तरफ देखा और फिर उसने अपनी जेब से रूमाल निकाला। आज पहला दिन था कि नासिर कामिनी के इतना पास आकर खड़ा हो गया। "सारा चेहरा आंसुओं से भीगा हुआ है।" नासिर ने कहा और रूमाल से कामिनी की आंखें पोंछ दीं।

कामिनी को सचमुच मालूम नहीं था कि उसकी आंखों से आंसू बह रहे थे। उसने अपनी उंगलियों से अपनी आंखों को छुआ और गीली उंगलियों को देखकर वह हैरान रह गई।

"पर इसमें रोने की क्या बात है ?"

"पता नहीं···"

"वह अभी पन्द्रह-बीस मिनट में फिर आएगा।"

"उसने मेरे साथ और कोई बात नहीं की थी। सिर्फ इतना कहकर चला गया था कि वह पांच बजे फिर आएगा।"

"यहां दफ्तर में वह क्या बात करता ?"

"पांच बजे···"

कामिनी जो कुछ सालों सोचती रही थी—वह कभी हुआ नहीं था। और आज अचानक जो हुआ था, जो होने को था, वह कामिनी की सोच में नहीं आ रहा था। उसने घबराकर नासिर को बुला लिया था। पर अब उसे यह पता नहीं चल रहा था, वह नासिर को क्या कहना चाहती थी, या उससे क्या पूछना चाहती थी।

कामिनी ने सालों बाद आज सुनील को देखा था। वह खुश थी; पर उसे खुशी की पहचान शायद भूल गई थी, इसीलिए वह घबरा गई थी। उसने नासिर का हाथ पकड़ लिया, कुछ इस तरह जैसे इम्तहान के कमरे में जाते हुए कोई छोटा-सा बच्चा अपने दोस्त का हाथ पकड़ ले···

"उसके साथ जाना···उसके साथ बातें करना···आखिर वह इतने सालों बाद···

"आज मालूम नहीं मुझे क्या हुआ है। एकदम जैसे मैं पन्द्रह-सोलह साल की अल्हड़ लड़की बन गई होऊं।" कामिनी के होंठों पर एक शर्मिन्दा-सी हंसी आकर लौट गई।

"कामिनी ! द फेमस कालमिस्ट···" नासिर भी हंस पड़ा।

"मैं अभी ठीक हो जाऊंगी···एकदम जाने क्या हो गया था···आप यहां बैठिए। मैं चाय का प्याला मंगवाती हूं।"

"मेरा ख्याल है मुझे जाना चाहिए···पांच बजने में दस मिनट रहते हैं···दस

भी नहीं सिर्फ आठ, वह आने ही वाला होगा…"

"पर वह अगर आपके रहते आ जाए तो क्या हर्ज़ है ?"

"आज नहीं, पहले दिन नहीं। इस तरह शायद उसे कोई गलतफहमी…"

नासिर ने फिकरे को बीच में ही छोड़ दिया और कैबिन से बाहर जाने के लिए मुड़ा। दरवाज़े के पास खड़ा होकर उसने एक बार कामिनी की तरफ देखा : "रात में अगर देर हो गई तो सुनील आपको घर छोड़ आएगा। रात में अकेली नहीं जाइएगा। मैं घर ही हूंगा। ज़रूरत पड़े तो टेलीफोन कर देना," नासिर ने कहा और बाहर चला गया।

जितनी देर नासिर खड़ा रहा था, कामिनी की घबराहट थम-सी गई थी। उसके जाते ही कामिनी को लगा कि घबराहट फिर उसी तरह थी। कामिनी ने चपरासी से चाय मंगवा ली। सुनील आने वाला था। उसने उसके लिए भी एक प्याला मंगवा लिया। सुनील के आने पर चपरासी ने चाय की ट्रे मेज़ पर लाकर रख दी।

कामिनी ने चाय का प्याला बनाया। सुनील को प्याला देकर वह दूसरा प्याला बनाने लगी। सुनील ने चाय का घूंट लिया। कामिनी ने देखा—सुनील की आंखें उसी तरह खामोश थीं, जिस तरह कई साल पहले हुआ करती थीं। उसका चेहरा खूबसूरत था—पर बेलाग, जैसे बीते सालों की कोई लकीर उससे न छुई हो। और अपने होंठों पर सुनील किसी लफ्ज़ को नहीं आने देना चाहता था। इसलिए शायद उसने अपने होंठों में एक सिगरेट रख ली थी। पहली सिगरेट खत्म हो जाने पर उसने दूसरी लगा ली थी।

"मेरा ख्याल था कि आप यहां फिर कभी नहीं आएंगे।" कामिनी ने बात करने में पहल की।

"मुझे हमेशा मालूम था कि मैं आऊंगा।" सुनील ने कहा और फिर चुपचाप सिगरेट पीने लगा।

सुनील का कहा हुआ फिकरा कामिनी के मन में घुलने लगा। साथ में मन को भी घोलने लगा। कामिनी को लगा कि यह फिकरा या तो बहुत बड़े विश्वास से कहा जा सकता है, या वर्षों की जवाबदेही को टालने के लिए। कामिनी ने एक गहरा सांस लिया।

"चलें ?" सुनील ने पूछा।

"कहां ?"

"मेरा होटल यहां से बिल्कुल पास है। वहां बैठेंगे। फिर जब तुम चाहोगी, मैं घर छोड़ आऊंगा।"

कामिनी बिना कुछ कहे उठकर सुनील के साथ दफ्तर से बाहर आ गई। सुनील ने उसे जिस सादगी से 'तुम' कहा था, वह कामिनी को अच्छा लगा। उसमें

कामिनी को वह आत्मीयता दिखाई दी जिसकी वह एक अर्से से तलाश कर रही थी।

सुनील ने होटल की रिसेप्शनिस्ट से कमरे की चाबी ली और दूसरी मंज़िल पर जाकर अपने कमरे को खोला।

"कुछ पिओगी?" सुनील ने पूछा।

"अभी चाय पी है।"

सुनील ने जेब में हाथ डालकर देखा। सिगरेट तो थे पर माचिस नहीं थी। "मैं एक माचिस ले आऊं।" सुनील ने कहा और फिर दरवाज़े से मुड़कर उसने कहा, "यहां हीटर पड़ा है···" उसने हीटर का प्लग लगाया और कागज़ के एक टुकड़े को हीटर की गरम तार से जला लिया। उस जलते हुए कागज़ से उसने सिगरेट जला ली।

कामिनी की आंखों में सालों से रुका हुआ दर्द उतर आया। उसका दिल किया कि वह सुनील की छाती पर सिर रखकर रोती चली जाए और उससे पूछे कि सिगरेट को सुलगाने के लिए तो आग कहीं से भी उधार ली जा सकती है, पर ज़िन्दगी को सुलगाने के लिए आग सिर्फ उसीसे लेनी होती है जिससे किसी को बेपनाह मुहब्बत हो। अगर वही इस आग को चुराकर कहीं ले जाए तो···कामिनी की आंखें भर आईं। वह सुनील से कुछ न कह सकी। उसने सिर झुकाकर अपने आंसू छिपा लिए। कामिनी पलंग के एक पाये पर बैठी हुई थी। सुनील उसके पास आकर खड़ा हो गया। सुनील ने कहा कुछ नहीं सिर्फ झुककर कामिनी के होंठ चूम लिए।

सालों से संभालकर रखा हुआ एक ख्याल कामिनी को इस समय भी आया कि सुनील ने कभी भी उससे बातें नहीं की थीं। आज भी उसने कोई बात नहीं की थी। शायद उसके होंठ ही उसके लफ्ज़ थे···

कामिनी ने देखा कि आज इतने सालों बाद भी उसे कुछ पूछने की ज़रूरत नहीं पड़ी थी। जैसे वह जानता था कि कामिनी इतने सालों से उसीकी इन्तज़ार कर रही थी, और उसकी ज़िन्दगी में न कोई दूसरा मर्द आया है न आएगा। सुनील के होंठों से और इस ख्याल से कामिनी के बदन में एक कंपन हो आया। 'क्या यह विश्वास इसलिए है कि सुनील ने अपनी ज़िन्दगी में जो भी जगह किसी औरत को देनी है, वह सिर्फ मेरे लिए रखी हुई है? या इसलिए कि सुनील ने अपनी ज़िन्दगी में मुझे कभी कोई जगह नहीं देनी?'

"सुनील!"

"हां।"

"इतने साल···इतने साल आपने कभी मेरा हाल नहीं पूछा," कामिनी का जो संयम आज तक नहीं टूटा था, वह सुनील के हाथ का स्पर्श पाते ही जैसे टूट गया हो। वह सुनील की छाती पर सिर रखकर रोने लगी। "इतने सालों में कुछ

भी तो हो सकता था···यह भी तो हो सकता था कि कोई और आदमी मेरी ज़िंदगी में आ जाता···"

सुनील ने कहा कुछ नहीं, उसने अपनी तली से कामिनी के आंसू पोंछे और उसे अपनी बांहों में लेकर एक बार फिर उसके होंठ चूम लिए।

"मुझे कभी खत क्यों नहीं लिखा ?"

"सोचता था यहां आऊंगा, काम इस तरह पड़ते रहे कि आना नहीं हो सका। फिर पिताजी गुज़र गए···"

"मां कहां है ?"

"कल मेरे साथ ही दिल्ली आयी है। वह अपनी एक भतीजी के घर पर ठहरी है। मैं यहां होटल में चला आया, वहां जगह कम थी···"

"शादी नहीं की ?"

"नहीं।"

"क्यों ?"

"दिल नहीं किया।"

कामिनी चुप हो गई। जो भी सवाल उसने किए थे उसे अच्छे नहीं लगे। उसे लगा कि वह जो भी बात पूछ रही थी, दखलअंदाज़ी कर रही थी।

"अंधेरा हो गया है। मैं चलूं ?" कुछ देर बाद कामिनी ने कहा।

"चलो, मैं तुम्हें छोड़ आऊं।" सुनील ने कहा और उठ खड़ा हुआ।

रास्ते में सुनील ने सिर्फ इतना बताया कि वह दो दिन और यहां रहेगा और सुबह ही कामिनी को टेलीफोन करेगा। घर के पास पहुंचकर कामिनी ने सुनील को अन्दर आने के लिए कहा। पर सुनील ने कहा—"आज नहीं···कल आऊंगा।"

सुनील वापस चला गया। कामिनी अपने कमरे में आकर जब कपड़े बदलने के लिए गुसलखाने में गई तो वह गुसलखाने के बड़े शीशे में अपने आपको इस तरह देखने लगी जैसे वह अपने आपको बिल्कुल न पहचानती हो। रात को पहनने के कपड़े कामिनी ने हाथ में पकड़े हुए थे, उसी तरह कपड़ों को हाथ में लिए वह कितनी देर खड़ी रही। उसे लगा कि न तो वह अपने आपको पहचानती थी, न सुनील को, और न दुनिया के और किसी इन्सान को।

कामिनी ने कपड़े बदले। रसोई में गई। रोटी बनाकर पिताजी को खिलाई और जितनी खा सकी उसने खुद भी खा ली। माली से गेट का ताला लगवाया। पिताजी के सिरहाने पानी का गिलास रखा। वह एक-एक काम इस तरह से करती जा रही थी जैसे फिर फारिग होकर वह एकाग्रमन आज दिन के उस पन्ने को पढ़ सके जिसे वह आज तक समझ नहीं सकी थी···

कामिनी ने अपने कमरे में आकर, अपने बिस्तर में बैठकर, एक हाथ से अपने कमरे की बत्ती बुझा दी और एक हाथ से अपने ख्यालों की बत्ती जला ली···'मैं

उसे याद होऊंगी तभी मुझे मिलने के लिए आया···उसने मुझसे बीते सालों की कोई बात नहीं की। पर उसे कोई विश्वास होगा जो उसने चुपचाप मुझे अपनी बांहों में ले लिया···।'

···और कामिनी के होंठों पर सुनील के होंठों का स्पर्श सुलगने लगा, कामिनी एक-एक क्षण को, एक-एक स्पर्श को, एक-एक कंपन को इस तरह देखने लगी जैसे वे सारे क्षण, सारे स्पर्श और सारे कम्पन किसी भाषा के शब्द हों। कामिनी इन शब्दों को बार-बार पढ़ रही थी और इनमें से उनके अर्थ तलाश कर रही थी···

अर्थ मिल रहे थे, पर वे गहराते नहीं थे, बड़े नहीं होते थे। कामिनी का दिल चाहता था कि ये शब्द इतने गहरा जाएं कि उसके ख्यालों की सबसे नीची तहों को भी जाकर छू लें। और ये अर्थ इतने बड़े हो जाएं कि उसकी उमर के बराबर हो जाएं। कामिनी हर एक शब्द को इस तरह देख रही थी जैसे वह इन शब्दों को निचोड़कर इनमें से नए अर्थ को निकाल लेना चाहती हो। पर यह निचुड़ते नहीं थे। कामिनी कभी कसककर इन शब्दों को देखती थी, कभी पसीजकर और कभी चकित होकर।

कभी सोते, कभी जागते कामिनी ने रात काट दी। सुबह की पहली रोशनी के साथ ही कामिनी की इन्तज़ार शुरू हो गई—सुनील के टेलीफोन का इन्तज़ार। उसने रसोई में जाकर चाय बनाई पर उसने किसी तरह की आवाज़ न होने दी, ताकि किसी आवाज़ में टेलीफोन की आवाज़ न खो जाए। वह गुसलखाने गई, पानी के 'मग' को धीरे-धीरे पानी से भरकर हौले-हौले अपने बदन पर उंडेलती रही। वह रात के भरे हुए पानी से नहाती रही, उसने ताज़ा पानी का नल इसलिए नहीं खोला कि पानी गिरने की आवाज़ में टेलीफोन की आवाज़ न खो जाए··· दफ्तर जाने का समय हो गया। वह कभी घड़ी की तरफ देखती जहां से टिक्-टिक् की आवाज़ आ रही थी, रुकती नहीं थी; और कभी वह टेलीफोन की तरफ देखती जिसमें छोटी-सी 'टन्‌न्' की आवाज़ भी नहीं आ रही थी।

कामिनी दफ्तर चली आई। कुछ देर उसने अपने आपको काम के हवाले किए रखा। पर कामों की छोटी-सी मुट्ठी में उसकी सोच नहीं समा रही थी। उसने होटल के टेलीफोन का नम्बर देखा और मिलाया। उसे कमरे का नम्बर याद था। टेलीफोन की घंटी कितनी ही देर बजती रही, फिर सुनील की आवाज़ सुनाई दी···

"मैं कामिनी बोल रही हूं।"

"हां। मैं अभी सोकर उठा हूं, सोच ही रहा था कि फोन करूं।"

"मैं घर से नहीं दफ्तर से बोल रही हूं।"

"मैं पांच बजे आऊंगा।"

इसके बाद कामिनी ने अपना सारा ध्यान अपने काम में लगा दिया। काम करते हुए कामिनी को कई बार लगा कि जैसे शाम हो गई हो। पर जब भी उसने

घड़ी देखी, शाम का आना उसे बहुत दूर दिखाई दिया।

आखिर पांच बजे सुनील आया। कामिनी अपने कमरे से उठ खड़ी हुई। कामिनी को साथ लेकर सुनील जब अपने होटल के पास आया तो सुनील ने देखा कि बाहर गेट पर उसकी मां खड़ी थी।

"तुमने कहा था कि तुम सुबह आओगे···पर तुम आए नहीं। मैं यहां सरनी के साथ कुछ चीज़ें खरीदने के लिए आई थी। सोचा तुम्हें भी देख लूं।"

"मैं अभी यहां से गया था···यह कामिनी···आपने शायद कामिनी को पहले नहीं देखा।"

"यह मेरे कालेज में पढ़ते थे···" कामिनी ने कहा। मां ने जिस हाथ से कामिनी की पीठ को दुलार दिया, कामिनी को वह हाथ बहुत अपना-सा लगा। मां का जिस्म वैसे भी सुबक-सा था, पर उसकी आंखों का देखना इतना नर्म था कि वह और भी सुबक लगती थी।

"सरनी कहां है ?" सुनील ने पूछा।

"साथ ही दूकानों पर कपड़े निकलवाकर देख रही है। मैं चलती हूं, बस एक नज़र तुम्हें देखने ही आई थी।"

"वह पांच-सात मिनट और राह देख लेगी। कमरे में चलकर चाय पी लें। उसे भी बुला लाऊं ?"

"उसका खाविंद भी साथ आया है। बच्चे भी साथ हैं। तुम्हारा उनसे मन घबराएगा। रहने दो।"

"अच्छा, आप चाय पी लें !"

"देर हो जाएगी।"

"नहीं, देर नहीं लगेगी।"

सुनील ने कमरे की चाबी मां को दे दी और खुद चाय का आर्डर देने के लिए नीचे रुक गया।

मां ने कमरे के पास पहुंचकर चाबी कामिनी को देते हुए कहा, "खोलो बेटी !" कामिनी ने दरवाज़ा खोला और मां के बैठने के लिए कुर्सी को खाली कर दिया। पलंग के पास एक ही कुर्सी पड़ी थी जिस पर सुनील ने बहुत-से अखबार रख छोड़े थे।

"तुम बैठो बेटी ! मैं यहां पलंग के पाये पर बैठ जाती हूं।"

"नहीं, आप यहां बैठिए। आराम से बैठेंगे।" कामिनी ने कहा। एक पल के लिए जैसे दोनों को पता नहीं चल रहा था कि कौन किसकी मेहमान थी।

मां कुर्सी पर बैठ गई। मेज़ पर अखबारें पड़ी थीं। कामिनी मेज़ को खाली कर चाय रखने के लिए जगह बनाने लगी। मां ने प्यार से कामिनी की तरफ देखा और पूछा, "तुम बेटी यहीं दिल्ली में रहती हो ?"

"जी हां ! मैं और सुनील यहां कालेज में एक साथ पढ़ते थे। कालेज की पढ़ाई खत्म हो जाने पर सुनील कलकत्ता चले गए थे। उसके बाद कभी नहीं मिले, बस कल मिले थे।"

"मैं तो इस लड़के से हार बैठी हूं।"

"क्यों ?"

"विवाह नहीं कराता। कई बार मान भी जाता है। सारी बात पक्की हो जाती है। खुद लड़की पसन्द करता है और खुद ही नकार देता है।"

कामिनी ने एक नज़र मां की ओर देखा। पर चुप रही। सुनील कमरे में आ गया था। मां ने भी आगे कुछ न कहा। सुनील के पीछे-पीछे होटल का बैरा था। उसने चाय की ट्रे मेज़ पर रख दी। कामिनी ने चाय का प्याला बनाया और मां को देकर वह बाकी के दो प्यालों में चाय बनाने लगी।

"सुबह आओगे? थोड़ी देर के लिए ही आ जाना। इस तरह अच्छा नहीं लगता।" मां ने चाय पीते हुए कहा।

"अच्छा।"

चाय का प्याला पीकर मां उठ बैठी।

"मैं आपको छोड़ आऊं ?" सुनील ने पूछा।

"मुझे कौन-सा दूर जाना है। तुम लोग बैठो। मैं खुद चली जाऊंगी।"

मां के जाने के बाद कामिनी ने सुनील की तरफ देखा। "आपकी मां बहुत अच्छी हैं। लोगों की मांएं ऐसी नहीं होतीं।"

"अच्छा !" सुनील हंस दिया और पूछने लगा, "मेरी कोई शिकायत नहीं की उसने ?"

"की थी।" कामिनी भी हंस दी।

आगे सुनील ने कुछ नहीं पूछा। इसलिए कामिनी भी चुप रही। सुनील ने हाथ का प्याला मेज़ पर रखा और कमरे का दरवाज़ा भिड़का दिया।

कामिनी ने पिछले सालों इतनी किताबें पढ़ी थीं कि धीरे-धीरे किताबों के किरदार उसके लिए दिखते-बसते शहर के लोगों से ज़्यादा वाकिफ बन गए थे। सुनील को भी उसने पिछले सालों में कभी नहीं देखा था, जाना नहीं था, इसलिए उसकी याद भी उसे किसी किताब के किरदार की तरह आती थी। आज सुनील को अपने पास और अपने सामने देखकर भी उसे कुछ देर के लिए यह लगा कि वह एक कहानी पढ़ रही थी। उसने सुनील के चेहरे की तरफ इस तरह देखा जैसे कोई धड़कते दिल से कहानी पढ़ते हुए सोचता है कि आगे क्या होगा···

सुनील ने कामिनी के पास आकर उसे अपनी बांहों में ले लिया।

कामिनी पलंग के पास बैठी थी और सुनील खड़ा था। इसलिए सुनील का सारा बदन कामिनी से सटा हुआ था। कामिनी ने चौंककर सुनील की तरफ देखा।

और बेशक सुनील के होंठों की सांस उसके अपने होंठों को छू रहा था, पर कामिनी को लगा कि इस पल के, इस स्पर्श के और इस कम्पन के सारे शब्दों को मिलाकर जो कहानी वह गढ़ रही थी—उस कहानी का कोई भविष्य नहीं था···

और भविष्य से टूटे हुए पल की तरह कामिनी ने अपना सिर सुनील की छाती पर रख दिया।

—**दिल्ली की गलियां** उपन्यास से

एक डायरी

इस समय पता नहीं क्या वक्त है? वक्त···वक्त · वक्त···लगता है वक्त के पास कपड़ों के सिर्फ तीन जोड़े हैं, भूत, वर्तमान, भविष्य। यह हमेशा वही है, सिर्फ किसी-किसी समय यह अपने कपड़े बदलता है···

यह कपड़े मुझे उसके वजूद और शख्सियत का हिस्सा नहीं लगते। यह पहन-कर वह एक स्वांग-सा लगता है—पर वह पहनता है—शायद इसलिए कि लोगों को स्वांग देखने अच्छे लगते हैं···

मुझे भी उसने हंसाने की कोशिश की थी—हंसाने की भी और रुलाने की भी। पर कुछ नहीं हुआ, हारकर उसने सब कपड़े उतार दिए हैं—शायद धुलने दे दिए हैं···

वक्त मेरे साथ क्या कर रहा है? या क्या करेगा? या उसने जो कुछ किया था क्यों किया था? लोग जब ऐसी सोचों में पड़ जाते हैं, वह मुस्कराता है। शायद यही उसकी जीत होती है कि वह इस तरह किसी को हैरान और परेशान कर सकता है—इट इज़ ए सिली गेम, वैरी चाइल्डिश···[1]

पर होता क्या है—कुछ भी नहीं, कुछ लोग बहक जाते हैं, कुछ ढीठ हो जाते हैं। जो बहक जाते हैं वह घबरा के पूजा-पाठ करने लगते हैं, जंतर-मंतर पढ़ने लगते हैं, कोई माला, तसबी फेरने लगते हैं या ज्योतिषी को हाथ दिखाने लगते हैं ···जो ढीठ हो जाते हैं, वे बड़े आराम से व्हिस्की का गिलास पकड़ते हैं और रेडियो ऑन करके जंग की खबरें ऐसे सुनते हैं, जैसे फुटबाल क्रिकेट मैच की कमेण्ट्री सुन रहे हों—कितने हवाई जहाज़ गिरे? कितने रन्ज़? फौजें कहां पहुंच गईं? किस जरनैल ने गोल किया?···

जावेद बहुत बोलता है—उसे इस बात का भी बहुत दुख रहता है कि कोई उसे समझता नहीं। एक दिन वह मिलिटरी के किसी दोस्त से व्हिस्की लाया था—

1. यह एक मूर्खता का खेल है, बिल्कुल बचकाना···

और उसकी शिकायत व्हिस्की के थड़े पर चढ़कर और ऊंची हो गई थी—वह शायद एक लड़की को नहीं, लड़कियों की सारी जात को उलाहना दे रहा था :

मैं एक बैरंग चिट्ठी हूं।
ज़रा ख्यालों का वज़न ज्यादा था।
और खुदा ने कुछ टिकट कम लगाई थी।
सो इस दुनिया में मुझे किसी ने डाकखाने से छुड़ाया नहीं !

पर डाकखाने से आई चिट्ठी का क्या बनता है ? हर चिट्ठी अन्त में रद्दी की टोकरी में जाती है या ज़्यादा-से-ज़्यादा किसी मेज़ के खाने में···

नामों का क्या है—वह पंडित की पत्री में भी खो जाते हैं, अखबारों में भी, इतिहासों के सफों में भी···

कामयाबी क्या चीज़ है ? यह सिर्फ एक बाजीगरी है। जितना भी कोई अच्छा बाजीगर है, वह उतना ही कामयाब है···

व्यवहार···कैरियर···एक-दूसरे की जेब में से पैसे निकालने का दूसरा नाम है। जो कोई किसी की जेब में से बहुत पैसे निकाल सकता है वह उतना ही सफल समझा जाता है···

नलिन बहुत कम बोलता है, पर जब बोलता है, कई बार काम का बोलता है। कई बार डिस्गसटिंग[1] भी होता है, पर कई बार अच्छा लगता है—लिखता कुछ नहीं, सोचता है—'सिर्फ तब लिखूंगा जब मेरा लिखा हुआ बैन[2] होने के काबिल हो सकेगा'···कभी-कभी सचमुच वह हेनरी मिलर का वारिस लगता है···

एक दिन उसने कमाल किया था—कालेज का प्रोफेसर नैश्नलिज्म पर लेक्चर दे रहा था—वह बोला नहीं, सिर्फ फैली-फैली आंखों से देखता रहा, प्रोफेसर की तरफ भी और सुनने वालों की तरफ भी।

प्रोफेसर चला गया, वह फिर भी बैठा रहा। जब किसी ने बहुत पूछा, तो वह उठकर, उस चले गए प्रोफेसर की जगह पर खड़ा हो गया और कहने लगा—'मैं तुम्हें नैश्नलिज़्म के सही अर्थ बताता हूं।' उसने सिर्फ चार लाइनें कही थीं, पर सब कांपकर रह गए थे। वह सिर्फ मुस्करा रहा था, और कह रहा था :

वेल्कम, सेज़ द मदर
माई हार्ट इज़ ऐन ओवन
बेकिंग स्पिरिचुअल ब्रेड

---

1. अरुचिकर
2. ज़ब्त

कम ऐंड ईट ऑफ यूअर फेलो चिल्डरन···[1]

पंक्तियां पता नहीं किसकी थीं, पर वह छाती में से निकालकर पढ़ रहा था और उन पंक्तियों ने नैश्नलिज़्म के ज़िस्म पर पड़ा हुआ रेशमी चोगा फाड़ दिया था—चोगा भी नहीं—नर्म मांस की चढ़ाई हुई उसकी 'स्किन' उतार दी थी—और वह अपनी पूरी भयानकता के साथ सामने खड़ा था···

लगता है—वक्त की तरह, दुनिया की सफलता, शोहरत, कौमपरस्ती और देश-परस्ती के पास भी रंग-बिरंगे कपड़ों के कुछ जोड़े होते हैं···

सब बनी-बनाई कीमतें, उतारे और पहने जा सकने वाले कपड़े होते हैं। कपड़े एक बाहरी दिखावा हैं, बाहरी भी और बनावटी भी। इसलिए एक ट्रैप[2] है। नरेन्द्र ट्रैप में फंस गया था, उसे मरने की जल्दी पड़ गई थी—नहीं तो जल्दी करने की क्या ज़रूरत थी, जबकि हर एक की उम्र का एक दिन रोज़ मर रहा है। उम्र के सारे दिनों को इकट्ठा करके एक दिन में मार देना हिटलर का कान्सेन्ट्रेशन कैंप है!···

नरेन्द्र ने शायद हिटलर बनकर देखना चाहा था, हिटलर भी और गैस चैम्बर में पड़ने वाला मनुष्य भी···इस तरह के दोहरे तजरबे से ही शायद वह अपने ट्रैप से बदला ले सकता था···

सैक्स शायद बहुत बड़ा ट्रैप है, क्योंकि इन्सान उसे अपने वज़ूद का सबूत समझकर बरतता है। नरेन्द्र के मन की हालत पता नहीं क्या थी, बाहर से वह बड़ा चुपचाप और शान्त दिखता था। कालेज में उसने डिस्टिंक्शन ली थी, पर छुट्टियों में घर जाकर स्यूइसाइड[3] कर लिया। बात का कोई सिरा आपस में जुड़ता नहीं। सो सिरा शायद यही था, जो सब कहते हैं कि उसे यह ख्याल हो गया कि वह जिस्मानी तौर पर···

जावेद ने, नरेन्द्र की मौत पर, नरेन्द्र की तरफ से एक नज़्म लिखी है :

गंदले पानी में कुछ कुलबुले उठते हैं
मैंने डिक्शनरी देखी है—इनका नाम आशाएं है
मैं खूब हंसा हूं—और अभी मैंने इस डिक्शनरी को फाड़ दिया है।

सुनकर माथे की नसों में दर्द होता है। पर सोचता हूं—अस्तित्व इसके बगैर भी तो हो सकता था—कम्पलीट और इण्डिपेण्डेण्ट···[4] हालांकि 'कम्पलीट' नाम

1. स्वागत, मां कहती है—मेरा दिल एक चूल्हा है, जिसमें आध्यात्मिक रोटियां पकती हैं। आओ, और अपने साथी बच्चों का आहार करो।
2. जाल
3. आत्महत्या
4. पूर्ण और स्वतन्त्र

की कोई चीज़ नहीं। पर जो बाक़ी के अधूरेपन को पूर्णता कहा जा सकता है, तो इसको भी कहा जा सकता है। और वह स्वतन्त्र हर तरह से ज़्यादा था—इतना कि औरत के अस्तित्व से भी स्वतंत्र था···

पता नहीं किसी-न-किसी तरह की मोहताजी इंसान के लिए क्यों ज़रूरी होती है—औरत और इश्क को भी सबने इसी शक्ल में स्वीकारा है···

मुझे कभी किसी से इश्क नहीं हुआ, न हो सकता है। इश्क जिन अर्थों को अपने साथ लपेटकर चलता है, अगर वह इश्क के जिस्म से झड़ जाए, तो फिर उसका नाम पता नहीं क्या होना चाहिए। मैंने सिर्फ वह अनाम चीज़ देखी है। उसका मेरे साथ घटित होना, अपने-आप में स्वतंत्र है—इतना कि जिसके द्वारा घटित हुआ है, उसे बताने की ज़रूरत भी खत्म हो गई है···

कोई गुलामी स्वतन्त्रता को जन्म नहीं दे सकती, सिर्फ स्वतन्त्रता स्वतन्त्रता को जन्म देती है। इसी हालत ने शायद इस हालत को जन्म दिया है कि वक्त अब चाहे अपने तीन जोड़ों में कोई जोड़ा पहन ले, मुझे फर्क नहीं पड़ता···

अपने-आप की खुदाई में से मुझे जो कुछ मिला है, देख सकता हूं—उसकी जड़ वहां तक गहरी है, जहां तक 'मैं' हूं···तो मैं न भूत के कफन में लपेटा जा सकता हूं, न भविष्य के छलावे में।

—**जलावतन** उपन्यास से

आग की लकीर

सात कमरों की दो-मंज़िली कोठी का हर कमरा पक्की ईंटों का बना हुआ था। पर नीचे की मंज़िल का एक कमरा, नन्दा का कमरा, नन्दा को लगा—कांच का बना हुआ था, कांच का फ़र्श, कांच की दीवारें और कांच की छत···

रात को, ठीक साढ़े ग्यारह बजे एक दीवार पर किसी ने एक पत्थर मारा था और कांच की दीवार, मय बाकी दीवारों के और उनके ऊपर की छत के, नन्दा के ऊपर गिर पड़ी थी···

माथे के विचारों वाले हिस्से को छोड़कर नन्दा के बाकी शरीर में से जैसे जान निकल चुकी थी। उसने, दीवान पर पड़े हुए हिलने की कोशिश की, पर अपने अंगों पर उसका बस नहीं था। हाथ, बांह, पैर, कोई भी अंग नहीं हिला। और नन्दा को लगा—शायद कांच के कमरे की किरचों के साथ उसके शरीर में से सारा लहू बह चुका था और अब उसका शरीर निचुड़े हुए लहू वाले मांस की तरह, मांस का एक ढेर-जैसा दीवान पर पड़ा हुआ था···

"शरीर के बाकी अंगों की तरह, मेरे माथे का यह विचारों वाला हिस्सा भी

क्यों नहीं मर गया ?" नन्दा के माथे में एक टीस की तरह यह खयाल आया।

इस समय चढ़ते हुए सूरज की रोशनी सीधी नन्दा की आंखों पर पड़ रही थी। नन्दा को लगा—जैसे रोशनी भी उसके माथे की तरह चकरा रही थी।

सूरज की रोशनी और नन्दा की आंखें शायद घबरा के एक भेद को खोज रही थीं···

"यह भेद—जब मैं पैदा हुई, मेरे साथ पैदा हुआ था···" नन्दा के माथे में उसके विचार घूम रहे थे। "मैंने ज़मीन पर घुटलियों चलना सीखा तो वह भी मेरे साथ चलता रहा, मैंने खड़े होना सीखा तो वह मेरे साथ खड़ा होता रहा, मैंने चलना सीखा, वह मेरे साथ-साथ चलता रहा···और अब उसकी उम्र भी बाईस बरस की हो गई है, जितनी मेरी—उमर—पर मुझे बाईस बरस उसका पता नहीं लगा···"

"मैं कौन हूं ?" नन्दा की आंखों ने चकरा कर सूरज की रोशनी से पूछा, पर रोशनी जवाब देने की जगह नन्दा की आंखों की तरह ही चकरा रही थी।

"रोज़ सूरज चढ़ता था, रोज़ सूरज की रोशनी होती थी···" नन्दा का माथा फिर चकफेरी में पड़ा हुआ था और एक ही दायरे में तेज़ी से घूम रहा था। "पर सूरज की रोशनी ने पहले कभी मेरी तरफ़ इस तरह नहीं देखा।"

और नन्दा की छाती में चुभती किरच जैसा ख़याल आया, "नहीं, सूरज की रोशनी को तो यह भेद बाईस बरस से मालूम था, वह रोज़ मेरी तरफ़ देखती होगी, और हंस देती होगी कि मैं कितनी पागल हूं, मुझे कुछ पता नहीं···"

नन्दा को एक तरह की शर्मिन्दगी का एहसास हुआ, और उसकी पलकों ने उसकी आंखों को ढक लिया मानो उसकी पलकें उसकी आंखों को सूरज की रोशनी से छुपा लेना चाहती थीं।

एक लाल-सा अंधेरा नन्दा की आंखों में भर गया।

नन्दा ने आंखें मींच रखी थीं पर उन पर पड़ती सूरज की रोशनी तेज़—हो रही थी। नन्दा, सोच रही थी—"जब तक कुछ पता नहीं था, अंधेरा काले रंग का था, मैं उसको टटोल-टटोल कर उसमें से कुछ ढूंढ़ती नहीं थी। अब अंधेरा लाल रंग का हो गया है, अब मैं हमेशा इसे टटोलती रहूंगी, इसमें से कुछ खोजती रहूंगी···यह काला अंधेरा लाल रंग का क्यों बन गया ?"

"आज अंधेरे के बदन में से जैसे लहू बह रहा हो··" नन्दा के माथे में से खौफ़ की एक लकीर-सी गुज़र गई "मैं अंधेरे की पैदाइश हूं···सो, अंधेरे के बदन में से बहते हुए लहू का रंग मेरे शरीर के लहू का रंग है···"

नन्दा ने पीछे दूर तक—दस, पन्द्रह, बीस बरस तक ध्यान लगा कर देखा पर उसे बाप की जगह डाक्टर जसवन्त राय मदान का चेहरा और मां की जगह लाल बीबी का चेहरा ही दिखाई दे रहा था—और कुछ नहीं दीख रहा था—और जो

कुछ था सिर्फ़ अंधेरा था। "हर बच्चे के लहू का रंग अपने मां बाप के लहू का रंग होता है।" नन्दा जैसे अपने आपको दलील दे रही थी, "और अब जब लोग कहते हैं मेरे लहू का रंग मेरे मां बाप के लहू का रंग नहीं---तो फिर मेरे लहू का रंग अंधेरे के लहू का रंग है···"

नन्दा अपने तर्क से आप ही शान्त जैसी हो गई। "सो-अंधेरा मेरी मां, अंधेरा मेरा बाप···"

और वह अंधेरे के उस टुकड़े को ढूंढ़ने लगी जो—बाईस बरस पीछे दूर किसी अंधेरे में अंधेरे का एक टुकड़ा था···

नन्दा ने बड़े जतन से अपने ज़हन में से जसवन्त पापा और लाज बीबी के नक्श को मिटाकर अंधेरे में से किसी और पापा और किसी और मां के नक्शे पकड़ने चाहे। लेकिन उंगलियों में से छनती हुई मिट्टी की तरह और सभी नक्श उसके जहन में से छन जाते थे—और उसके खयालों में फिर जसवन्त पापा और लाज बीबी के नक्श सही सालिम हो जाते थे।

नन्दा कुछ द्विविधा में पड़कर अपने कानों से ही पूछने लगी, "रात तुमने क्या सुना था? सचमुच सुना था?"

कान शर्मिन्दा-से हो गए।

रात को नन्दा के कान चुपचाप दीवार से लगे हुए थे। दीवार के साथ लगे हुए पिछवाड़े के बगीचे में डाक्टर मदान एक पेड़ के पास बड़ी देर से खड़े हुए थे। लाज बीबी ने कई बार उनके पास जाकर उनसे खाना खाने के लिए कहा था, लेकिन वह खाना खाने के लिए अन्दर नहीं आए। लाज बीबी ने बाकी सबको खाना खिला दिया था—तीन बेटों को भी, और सबसे छोटी लड़की नन्दा को भी। और सबको कमरों में भेजकर वह खुद पिछवाड़े के बगीचे में चली गई थी। तीनों लड़कों के तीन कमरे ऊपर की छत पर थे, पर नन्दा का कमरा नीचे की मंज़िल पर अपने माता-पिता के कमरे के साथ लगा हुआ था—जिसके पिछवाड़े एक छोटा-सा बगीचा था। नन्दा अपने पिता की परेशानी से परेशान थी, उसे नींद नहीं आई—और फिर रात के ठीक साढ़े ग्यारह बजे थे—जिस समय उसके परेशान पापा ने उसकी मां को बताया था कि उन्होंने नन्दा के वास्ते जिस लड़के को देखा है और जिसके साथ उसका विवाह पक्का किया है, आज उस लड़के के पिता ने आकर कहा था कि यह विवाह नहीं हो सकेगा क्योंकि उसको पता लगा है कि नन्दा उनकी अपनी असली बेटी नहीं है···

नन्दा के कान रात से शर्मिन्दा हैं। अब सवेरे उनको रात वाली बात याद आई तो वह और भी शर्म से नन्दा के मुंह की तरफ देखने लगे···पर नन्दा को लगा—अब वह शायद आप कभी अपने मुंह की तरफ नहीं देख सकेगी···

कानों को लाज बीबी की आवाज़ भी याद थी, "बेटी असली नहीं? बेटी कभी

नकली भी होती है ? बाईस बरस के बाद मुझसे इन मुए लोगों ने यही कहना था ?" और कानों में लाज बीबी के रोने की आवाज़ अटकी की अटकी रह गई थी।

और फिर लाज बीबी के आंसू नन्दा के कानों में भर गए थे—आगे नन्दा को कुछ सुनाई नहीं दिया। फिर नन्दा को सिर्फ एक ही आवाज़ सुनाई दी थी—जैसे एक पत्थर खड़ाक से उसकी दीवार से टकराया हो—और पक्की ईंटों की दीवार कांच की दीवार की तरह टूट गई हो—और कांच की छत उसके सिर पर ढह गई हो···

नन्दा के बदन में बसी हुई रात, और बाहर भरा-पूरा चढ़ा हुआ दिन जैसे एक-दूसरे को झुठला रहे थे। नन्दा वैसी की वैसी ही दीवान पर पड़ी हुई थी।

और फिर उसे लगा—जैसे उसके बदन पर से कोई मलवे की तरह कांच की किरचों को हटा रहा हो, और उन कांच के टुकड़ों के नीचे दबी हुई को बाहर निकाल रहा हो···

आधे होश की हालत में नन्दा ने देखा—उसके पास लाज बीबी और जसवन्त पापा खड़े हुए हैं और लाज बीबी कह रही हैं, "कितनी देर से तुझे जगा रही हूं, तेरे ऊपर से कम्बल उतारा, चादर उतारी, तुझे कितनी बार हिलाया, तू जागती ही नहीं—"

नन्दा ने देखा, आंखें झपकीं, पर उठने से जैसे डर गई। उसे लग रहा था—मैं ज़रा भी हिलूंगी तो मुझपर गिरी हुई कांच की किरचें मेरे बदन में चुभ जाएंगी···

"क्या बात है नन्दू ! तुम्हें बुखार तो नहीं ?" पापा उसके माथे को छूकर देख रहे थे और कह रहे थे, "नहीं, बुखार तो बिलकुल नहीं है।"

लाज बीबी ने पास चारपाई पर रखा हुआ चाय का प्याला उठाया, और बोलीं, "उठ, चाय पी।"

नन्दा को याद आया—वह जब तक कॉलेज में पढ़ती रही थी, रात को बड़ी देर से सोया करती थी और रोज़ सबेरे उसको लाज बीबी चाय देकर उठाया करती थीं। पर अब जब छः सात महीनों से वह कॉलेज खत्म करके खाली थी तो रोज़ सबेरे वह लाज बीबी की जगह सबको चाय बनाकर जगाया करती थी···

नन्दा सकुचाती-सी दीवान से उठी और उसने लाज बीबी के हाथ से चाय का प्याला ले लिया···

एकाएक मन में आया—लाज बीबी के गले से लगकर पूछे, "सच बताना बीजी, मैं आपकी असली बेटी नहीं ?"

पर साथ ही लाज बीबी की रात वाली रुआंसी-सी आवाज़ ध्यान में आई, "बाईस बरस बाद मुझसे इन मुए लोगों ने क्या यही कहना था ?" और नन्दा को

लगा जैसे लाज बीबी की थकी हुई आंखें उसके मुंह की तरफ देखकर कह रही हों, "बाईस बरस बाद तूने मुझसे यही पूछना था ?" और नन्दा की जीभ जैसे गूंगी हो गई।

फिर गरम चाय के प्याले के साथ नन्दा के बदन में कुछ जान-सी आ गई और वह लाज बीबी के पीछे-पीछे रसोई में जाकर उनके साथ रसोई का काम करने लगी।

मेज़ पर नाश्ते की प्लेटें रखते हुए नन्दा को खयाल आया—जो भेद मैं नहीं जानती वह शायद घर के बड़े लड़कों को पता होगा—बड़ा रवि मुझसे छः बरस बड़ा है, उससे छोटा अशोक चार बरस—उन्होंने छुटपन में ज़रूर कुछ देखा-सुना होगा—उन्हें ज़रूर कुछ पता होगा··· सिर्फ सबसे छोटा परम मुझसे दो बरस बड़ा है, उसे शायद कुछ पता न हो···

नन्दा रोज़ जब टोस्टर में डबल रोटी सेकती थी, और जो टुकड़ा कुछ ज्यादा सिक जाता था वह जानकर रवि की प्लेट में रखती थी और हंसा करती थी, "भाईजान अब भाभी ले आओ, नहीं तो बहन के हाथों जले हुए टोस्ट खाने पड़ेंगे।"

रवि ने अपनी पढ़ाई पूरी कर ली थी और अब डाक्टर बनकर अपने पिता के साथ उनके क्लीनिक में काम करता था। पर अभी विवाह के लिए राज़ी नहीं हो रहा था इसलिए रोज़ नन्दा उसके साथ मज़ाक किया करती थी। आज नन्दा का ध्यान इस तरफ नहीं था। वह सिर्फ रवि के मुंह पर से कोई भेद पढ़ लेना चाहती थी—इसलिए कुछ भी, कोई भी बात ज़रूर करना चाहती थी, पर कुछ भी कोई भी बात समझ में नहीं आ रही थी—इसलिए आदत के मुताबिक यही मज़ाक दोहराया गया।

पहले रोज़ इस मज़ाक के जवाब में रवि ने कहा था, "इस भाईजान की किस्मत में तो नन्दा हमशीरा के हाथ के जले हुए टोस्ट ही लिखे हुए हैं···।" पर आज जब नन्दा ने वही जले हुए टोस्ट वाला मज़ाक किया तो रवि ने हंसकर कहा, "भई, आखिर मेरी किस्मत बदल ही गई—अब अगले महीने से जले हुए टोस्ट तेरे भाईजान की जगह तेरे दूल्हा मियाँ मिस्टर जे० सी० पुरी को मिला करेंगे···"

नन्दा का ध्यान सहज स्वभाव अपने पापा के मुंह की तरफ गया। डाक्टर मदान हमेशा बच्चों के मज़ाक में शरीक होते थे, पर आज वह मुंह नीचा किए चाय पी रहे थे···

रवि ने उत्साह के साथ पापा को अपने मज़ाक में शामिल करना चाहा। कहा, "पापा, मिस्टर पुरी को जले हुए टोस्ट खिलाने की कौन-सी तारीख पक्की की है ?"

पापा चाय के प्याले की तरफ देखते रहे—फिर धीरे-से कहने लगे, "अभी मैं

सोच रहा हूं—पुरी मुझे बहुत पसन्द नहीं है···" और फिर रवि की तरफ देखते हुए कहने लगे, "तुमने अपने एक दोस्त की बात की थी, वह जो कनाडा मे है···"

रवि ज़रा तमक-सा गया, "पापा, आप उसकी बात तो सुनते ही नहीं थे, कहते थे आप कभी भी नन्दा को इतनी दूर नहीं भेज सकते···"

पापा चुप थे। रवि कुछ नहीं समझ सका, पर नन्दा समझ गई—यहां इस देश में जैसे पुरी ने भेद का पता लगा लिया था, कोई भी लगा सकता था, पर अगर कोई किसी और देश में हो—यहां से बहुत दूर—उसे शायद कभी भी कुछ पता न लगे···

नन्दा को लगा—जैसे उसने पापा की सारी चिन्ता कागज़ पर लिखी हुई पढ़ ली हो और वह अपने दुःख से भी ज़्यादा पापा के दुःख से पीड़ित हो गई।

कोई खौफ पास आता हुआ दिखाई दे—इन्सान घबराता। पर जब सामने आ खड़ा हो—कोई उसके आगे तनकर खड़ा हो जाता है, कुछ इसी तरह नन्दा तन सी गई, और रवि की तरफ देखकर बोली, "मुझे एक ज्योतिषी ने बताया है कि तेरे भाईजान की किस्मत नहीं बदल सकती—तेरे भाईजान को सारी उम्र जले हुए टोस्ट खाने पड़ेंगे।"

"अच्छा" रवि हंस पड़ा, "इसका मतलब यह कि तेरी भाभी सारी उम्र कुंवारी रहेगी।"

"नहीं, भाभी नहीं···" नन्दा की आवाज़ बुझती आग जैसी हो गई, "भाईजान की हमशीरा···"

पापा ने एक बार नन्दा के मुंह की तरफ देखा, फिर ध्यान परे कर लिया।

—**आग की लकीर** उपन्यास से

उर्मि-गाथा

क्या आपको पता है वेद कैसे रचे गए? ईश्वर ने जो कुछ मनुष्य के कान में कहा था, मनुष्य ने वह सुनकर, कंठस्थ कर लिया था। इसलिए वेदों को 'श्रुति' कहते हैं···

वेद शब्द का अर्थ ही ज्ञान है, बहुत ऊंचा ज्ञान। मैंने भी जो कुछ जाना है—वह एक भयानक ज्ञान है···

वेद चार थे। और कितना अजीब इत्तफाक है कि मैं अपने ज्ञान को भी चार हिस्सों में बांट सकता हूं। आपको पता ही होगा कि ऋग्वेद में सिर्फ देवताओं की महिमा कही गई है। माता-पिता देवता ही तो होते हैं, अपने बच्चे को जब अपने लहू-मांस में से जन्म देते हैं, छाती में से दूध देते हैं, थाली की रोटी में से ग्रास देते

हैं और उसे पोटा-पोटा करके पालते हैं, वह बच्चे को देवताओं से कम नहीं लगते। सो, माता-पिता के संरक्षण में मैं अपनी उम्र के बीस बरस जो कुछ सोचता रहा, यह मेरा ऋग्वेद है···

और दूसरा यजुर्वेद था—उसमें बलिदान का और यज्ञ-हवन का वर्णन है। मेरे वेद में भी एक बहुत बड़े बलिदान की कथा है। विष्णु-पुराण में कथा आती है कि एक ऋषि ने अपने एक शिष्य को यह वेद पढ़ाया था। फिर एक दिन ऋषि ने लात मारी तो उसका भानजा मर गया, जिसके प्रायश्चित के लिए उसने शिष्यों को बुलाया और उनकी सलाह पूछी कि अब वह क्या करे? जिस शिष्य को उसने यह वेद पढ़ाया था, वह कहने लगा कि वह अकेला ही इस वेद के मंत्रों के सहारे उसे पाप से मुक्त करा सकता है। ऋषि को लगा कि उसे अभिमान हो गया है, इसलिए उसने आज्ञा दी कि वह उसी समय कैं करके सारे मंत्र धरती पर उगल दे। शिष्य ने आज्ञानुसार सारे मंत्र गले से बाहर उगल दिए, जो बाकी शिष्यों ने तीतर बनकर धरती पर से चुग्गे की तरह चुग लिए।

—यह मेरा वेद? उर्मि मर गई है, किसी ने उसे लात मारी थी, और अब मेरे इस वेद के सारे मंत्र धरती पर बिखरे पड़े हैं। शायद पता नहीं कब, मैं तीतर बनकर इनको धरती पर से चुग्गे की तरह चुगूंगा, फिर उन मंत्रों को पढ़ूंगा, और वह ऋषि जिसने उर्मि को लात मारकर मार दिया है, पाप-मुक्त हो जाएगा···

तीसरा सामवेद था, चौथा अथर्ववेद। इनके मंत्र मंगल-कार्य के लिए और हवन के समय पढ़े जाते थे। उर्मि के मंगल-कार्य के लिए मैंने जितनी खुशियों की कल्पना की थी, उर्मि के जितने लाड़, जितने चाव, जितनी हंसी, वह सब मेरे सामवेद के मंत्र थे। और अब उसका हवन मैं सारी उम्र करता रहूंगा, मेरे सीने की आहें, और मेरी आंखों के आंसू मेरे मंत्र हैं, जिनको मैं सारी उम्र पढ़ता रहूंगा···

यह मेरा उर्मि-वेद···

उर्मि अभी थी, अब नहीं है। उसे मरते हुए देख लेता तो शायद उस मरी हुई का मुंह एक अन्त का निश्चय दिला देता। पर ऐसा नहीं हुआ। उसे मरी हुई किसी ने नहीं देखा। और तो और, कानून ने भी नहीं देखा। कानून के कागज़ों में वह ज़िन्दा है, पर मुझे आंखों के आगे कहीं नहीं दिखती···कागज़ के अक्षरों में उसकी आंखें क्यों नहीं झांकतीं? यह अक्षर, आंखों की तरह झपकते क्यों नहीं? वहीं कागज़ों पर पत्थर हो गए हैं···

सोच रहा हूं—उर्मि लहर को कहते हैं, पानी की लहर को, पानी की तरंग को। पुराने ग्रन्थ जिनका नाम सागर होता था, उनके हर काण्ड का नाम उर्मि होता था। पानी की लहर पानी में मिल जाती है, उसका वजूद खत्म हो जाता है, पर उसकी लाश नहीं होती। मेरी उर्मि भी शायद पानी की एक लहर थी, अनन्त

सागर में मिल गई, अब उसका वजूद भी कोई नहीं रहा, उसकी लाश भी कोई नहीं···

देखो ! चार वेदों के चार रंग होते हैं। ऋग्वेद का रंग सफेद, यजुर्वेद का लाल, सामवेद का पीला, अथर्ववेद का सुरमे की तरह काला। मेरे उर्मि-वेद के भी चार रंग हैं—गोरी अछूती उर्मि की जवानी का रंग बिलकुल सफेद, उसकी मौत का रंग खून की तरह लाल, उसके वियोग का रंग निरा पीला, और इस वियोग का कारण बिलकुल काले रंग का।

यह उर्मि-वेद किसको सुनाऊं ? मैं रोज़ इसे खुद पढ़ता हूं, खुद सुनता हूं···

कहते हैं—वेदों को सुनने का अधिकार शूद्रों को नहीं होता। सिर्फ ब्राह्मण, क्षत्रिय और वैश्य वेदों को सुन सकते हैं। मुझे—जहां तक दिखाई देता है सब शूद्र ही शूद्र नज़र आते हैं। वह जो किसी के दर्द के साथ दर्दमन्द नहीं होते, वही तो शूद्र होते हैं। उर्मि का दर्द कोई नहीं जानता। न कोई मजहब, न कोई समाज। इसलिए यह सब धर्मों-कर्मों के वाली, और समाज के नियमों वाले शूद्र हैं। इन्हें मैं यह भेद नहीं सुना सकता···

पर यह सब कुछ क्या मैं अपनी छाती में रखकर इस दुनिया से चला जाऊंगा ? ज्ञान हमेशा किसी को सौंपकर जाना चाहिए। यह ज्ञान, यह भयानक ज्ञान, मैं किसे सौंपूं ?

आप, कुछ वह लोग जिन्हें मैं जानता नहीं, अगर सचमुच अपने दिल के मुताबिक—ब्राह्मण, क्षत्रिय या वैश्य हों, तो आपको यह वेद सुनने का अधिकार है···

तो सुनिए !

यह, जहां मैं खड़ा हूं, एक चौराहा है।

एक राह एक अन्धे कुएं की तरफ जाती है, जिसमें उर्मि की लाश पड़ी हुई है···

एक राह एक नदी की तरफ जाती है···जिसमें उर्मि की लाश बह रही है···

एक राह धरती के एक गढ़े की तरफ जाती है, जिसमें उर्मि की लाश दबी हुई है···

एक राह एक चिता की तरफ जाती है, जिसकी आग में उर्मि की लाश जल रही है···

और मैं जैसे चारों राहों पर चल रहा हूं···

चारों तरफ बेहद बू है, पर दुनिया के काम-काज उसी तरह चल रहे हैं, किसी को यह बू नहीं आती।

मैं, हारकर, इस देश के कानून के पास गया था, सुना था कि वह बू का निशान भी सूंघ लेता है ! पर मुझे देखकर उसने जल्दी से नोटों की एक पोटली

नाक के आगे रख ली, और मुझसे हंसकर कहने लगा— कहां ? बू तो कहीं से भी नहीं आ रही।

उर्मि एक खुशबू थी, पर उसे किसी ने बू बना दिया है ···

दोनों गांव पास-पास हैं—एक उर्मि के पीहर का, एक उर्मि के ससुराल का। और दोनों गांवों को जैसे दांती लग गई है, वे मुंह से कुछ भी नहीं बोलते।

नहीं यह दांती नहीं, यह मिर्गी है, क्योंकि दोनों गांवों के मुंह से झाग निकल रहा है···

कहते हैं, जिसे मिर्गी आती हो, उसे एक नसवार देनी चाहिए। यह नसवार आक के दूध में चावलों को भिगोकर और पीसकर बनाई जाती है। सच भी आक की तरह कड़ुवा होता है। उर्मि की बातें सफेद चावलों की कनी सरीखी थीं, उन्हें अगर सच के आक के दूध में भिगो लूं और उनकी नसवार बनाकर इन दोनों गांवों की नाक में सुंघा दूं, तो इनकी मिर्गी ज़रूर हट जाएगी···

यह सच है···कि एक गांव ने उर्मि को ज़बर्दस्ती डोली में डालकर दूसरे गांव में धकेल दिया था। और अब एक गांव ने उर्मि की एक बांह पकड़ी और दूसरे गांव ने दूसरी बांह पकड़ी, और उसे घसीट-घसीटकर मार डाला।

इन दोनों गांवों को उर्मि की कोई चिन्ता नहीं। ठीक है, मिर्गी के रोगी को चिन्ता नहीं करनी चाहिए···

उर्मि का कहीं नाम-निशान नहीं, जैसे उर्मि कभी थी ही नहीं। मैं उर्मि की बात करूं तो उसके लगे-लिपटे मुझे ऐसे देखते हैं जैसे मैं जिन्न-भूतों की बात कर रहा हूं। और जैसे उर्मि को सिर्फ मैंने ही कभी देखा हो, और किसी ने कभी आंखों से देखा ही न हो।

सब गवाहियां खत्म हो गई हैं, सिर्फ एक गवाही यहां गांव के स्कूल के कागज़ों में पड़ी हुई है, जहां उर्मि को दाखिल करते वक्त लिखा गया था—उर्मि, उम्र छः साल, पिता का नाम हरिश्चन्द्र।

जैसे, जो हुआ और जो बीता, अब भी आंखों में चित्रित है। एक दिन पूछता हूं, "पिताजी ! राजा हरिश्चन्द्र सूर्य वंश का अट्ठाइसवां राजा था ना ?"

"हां," पिताजी कह देते हैं, और खटिया की अदवायन कसने लगते हैं।

"आपने अपना नाम राजा हरिश्चन्द्र के नाम पर रखा था न ?" फिर कहता हूं।

पिताजी उत्तर नहीं देते।

मेरी जीभ को एक बल-सा पड़ जाता है, पर फिर भी कहता हूं, "राजा हरिश्चन्द्र सत्यवादी था। आप चाहे फिर कभी सच न बोलना, पर एक बार सच बता दो—उर्मि कहां है ?"

पिताजी खटिया की अदवायन को इतने ज़ोर से खींचते हैं कि अदवायन टूट जाती है···

मां मूढ़े पर एक गठरी की तरह बैठी हुई है। गांव का हकीम उसकी रीढ़ की हड्डी पर रोज़ लेप करता है, और कहता है कि उसे कभी ढीली खाट पर न सुलाना। इसीलिए पिताजी रोज़ उसकी खाट कसते हैं···

पिताजी खटिया की अदवायन को गांठ लगाने लगते हैं, तो मूढ़े पर पड़ी हुई गठरी धीरे-से रोने लगती है, "हाय री बेटी, कौन टूटी को जोड़े···"

गठरी ही कहूंगा···मां होती तो ज़ोर-ज़ोर से विलाप न करती···

सोचता हूं––उर्मि अगर एक सुन्दर सजीली लड़की न होती, किसी खाट की खुरदरी अदवायन होती तो उसकी उम्र को गांठ लग जाती···

फिर कमरे का आला मेरी तरफ देखता है और मैं कमरे के आले की तरफ। उसकी भी छाती में किसी ने ऐसे बुटका भरा है, जैसे मेरी छाती में। वहां—आले में—एक तसवीर थी, मेरी और उर्मि की। एक बार पिताजी, हम दोनों की उंगली पकड़कर, एक मेले पर ले गए थे।

उर्मि तब कोई सात बरस की थी, और मैं पांच बरस का। और वहां मेले में हम दोनों बहन-भाई की तस्वीर उतरवाई थी। पर आज वह तसवीर वहां पर नहीं रही।

मैं और यह आला, दोनों मिलकर पूछते हैं, "पिताजी, वह तसवीर कहां चली गई?"

"तुझे क्या करनी है तसवीर?" पिताजी गुस्से में अदवायन को इस तरह खींचते हैं, मुझे लगता है कि अदवायन फिर टूट जाएगी।

कहता हूं, "उसकी एक ही तो निशानी थी!"

पिताजी खीझकर बोलते हैं, "निशानी अब सिर से मारनी है?"

मैं ढीठों की तरह कहता हूं, "आपको नहीं ज़रूरत थी, तो न रखते, मुझे दे देते, मैं शहर वाले कमरे में लगा लेता।"

"डूब जाए तेरा शहर···" पिता का सारा बदन खुरदरी अदवायन की तरह कस जाता है। और शायद उनके अपने बदन की छिलतरें उनके हाथों में चुभ आती हैं, वह हाथों को मलते-से मेरी तरफ देखते हैं।

जानता हूं—मैं शहर में कमरा लेकर जब कालिज में पढ़ने लगा था, तो उर्मि ने अपने पीहरियों और ससुरालियों के आगे हाथ जोड़े थे कि उसका आदमी अगर कुछ बरसों के लिए केनिया कमाने चला गया था, तो वह गांव में पड़ी क्या करेगी, उसे शहर जाकर आगे पढ़ लेने दें। और वह शहर जाकर आगे पढ़ने के लिए कालिज में दाखिल हो गई थी। हम बहन-भाई दोनों शहर में कमरा लेकर रहते थे···

निशानी से याद आता है कि उर्मि अगर ज़िन्दा होती—सिर्फ तीन-चार महीने और ज़िन्दा रहती—तो उसका बच्चा भी एक निशानी होता···

पिताजी खटिया पर खेस बिछाकर, गठरी-सी बनी मां को मूढ़े पर से उठाकर खटिया पर लिटा देते हैं और फिर हाथ धोकर तीनों थालियों में रोटी परोस देते हैं।

रसोई के तख्ते पर कांसे की चार थालियां हमेशा पास-पास रखी होती हैं। मां हमेशा इन्हें मांजकर चमकाती थी। यह कंगूरे वाली थालियां बिल्कुल नई कतह की थीं, एक बार एक मेले में से खरीदी थीं। और मां हमेशा इन्हें तख्ते पर चमकाकर रखती हुई कहती थी, "यह थाली मेरी उर्मि की, यह उर्मि के भाई की, यह मेरी और यह तुम्हारे बापू की···"

उस दिन पिताजी ने जब तख्ते पर से तीन थालियां उतारीं, तो मेरे मुंह से अचानक निकल गया, "वह थाली उर्मि की···"

पिताजी ने क्रोधी आंखों से देखा, पता नहीं मुझे कि थाली को···

— **आक के पत्ते** उपन्यास से

वह जो रतना थी···

हवा रुकी हुई थी।—जैसे सांस रोककर खड़ी हुई हो···

कभी-कभी कोई आवाज़ उसके कानों में पड़ती थी,···पर कानों को छीलती हुई-सी···

वह सिर्फ जंगल के पत्तों की आवाज़ को पहचानती थी, और पत्ते आज चुप थे···

जंगल की पगडंडी को चीरती हुई-सी वह आवाज़ फिर आई···और सारी की सारी हवा ठिठक गई···

यह एक घोड़े की टापों की आवाज़ थी—पर धरती के दिल को धड़काती हुई नहीं, घबराकर धरती से कोई रास्ता पूछती हुई···

घोड़ा और उसका सवार जब पेड़ों के झुंड की ओट में हो गए—हवा ने एक गहरा-सा सांस लिया···

शहर जाने वाली सड़क इस जंगल के पहलू से गुज़रती थी—और फिर वह पहलू चीख-सा पड़ा, पुलिस की एक जीप, जैसे इस पहलू को पैरों से रौंध गई हो···

जीप गुज़र गई तो सड़क ने बदन की मिट्टी झाड़कर देखा—यह जीप जंगल की उस कच्ची पगडंडी की ओर नहीं मुड़ी—जिधर अभी, किस्मत के एक मोड़

की तरह, एक घोड़ा मुड़ा था···

जंगल की हवा को, और जंगल की पगडंडियों को, शायद दुनिया के पैरों की पहचान होती है—वह फूलों-पत्तों के आशिकों को भी पहचानती हैं, और फूलों-पत्तों के चोरों को भी। कहती कुछ नहीं—पर मन में खिलती भी हैं, और मुर्झाती भी है···

उन्होंने शायद एक घबराए हुए घोड़े का और उसका पीछा कर रही जीप का रिश्ता पहचान लिया था, और फिर जैसे किसी का—किसी एक के लिए मन भर आता है, उन्होंने एक नज़र दूर पेड़ों के झुंड में छिपे हुए घोड़ों को देखा···

और आंखों की पलकों से जैसे उसके बदन को और ढक दिया···

हवा धीरे-से पत्तों में सरसराई—मानो जीप की परे दूर विलीन होती हुई आवाज़ से अब कुछ सुर्खरू हो गई हो···

जंगल के पत्तों का कच्चा हरा रंग शाम की वजह से कुछ पक्का हरा होता जा रहा था कि डूबते सूरज की लाली ने उसे एक घड़ी के लिए लाल सुनहरी कर दिया, और सूरज की लाली के एक टुकड़े ने पेड़ों के पत्तों को जैसे हाथ से परे करके पेड़ों के झुंड की उस छिपी हुई जगह को देखा जहां गहरे बादामी रंग का एक मुश्की घोड़ा खड़ा हुआ था। और घोड़े की पीठ पर से उतरकर उसका सवार अपनी बड़ी-बड़ी आंखों में ज़िन्दगी का कोई भेद छिपाए घोड़े की पीठ पर हाथ फेर रहा था···

सूरज की लाली का वह टुकड़ा जैसे एक पालथी मारकर घोड़े की पीठ पर बैठ गया और पास खड़े हुए सवार की आंखों में झांकने लगा···

पता नहीं वह घोड़े के बदन का बादामी रंग था जो सवार की आंखों पर पड़ रहा था, या सवार की आंखों का रंग था जो घोड़े के बदन पर चमक रहा था—दोनों, घोड़ा और सवार एक जैसी बढ़िया नस्ल के मालूम पड़ते थे···

लाल धूप का वह टुकड़ा, घोड़े की पीठ पर बैठा हुआ, शायद घोड़ों की उम्दा नस्ल के बारे में भी सोच रहा था, और इन्सानों की बढ़िया नस्ल के बारे में भी कि वह धीरे से घोड़े की पीठ पर से उतरकर पास खड़े हुए सवार की बांह से लग गया···

सवार के कन्धों पर एक कम्बल की बुक्कल-सी लिपटी हुई थी, और शायद कम्बल के अन्दर उसकी बांह को भी लगा जैसे लाल धूप के टुकड़े ने उसे पकड़ा हो। उसने धीरे से मुस्कराकर धूप के उस टुकड़े की ओर देखा और अन्दर जहां उसके कन्धे के पास बन्दूक लगी हुई थी, उसके पास जैसे उस धूप के टुकड़े को सभालकर उसने फिर कम्बल की बुक्कल मार ली···

कम्बल की बुक्कल के नीचे शायद उसे दोनों चीजों की जरूरत थी—एक बन्दूक की और धूप के एक टुकड़े की।

परे, शहर जाने वाली सड़क जो, अब फिर कुछ अलसाई-सी हो गई थी, एकाएक चौंक उठी जैसे नींद की झपकी में उसने एक डरावना सपना देखा हो··· जो जीप धीमी चाल से चलती हुई कुछ घड़ी पहले चली गई थी वह फिर लौट रही थी और आसपास सड़क के दोनों किनारे कुछ खोज रही थी···

सड़क जानती थी कि जीप का क्या खो गया है, और शायद उसने ही सूरज को जल्दी से मुंह परे करने के लिए कहा कि कुछ पलों में ही चारों ओर अंधेरा-सा फैल गया···

जीप वालों को दिखाई कुछ नहीं दिया, लेकिन यूं ही उनमें से एक ने खीझकर एक ओर गोली चलाई···

जंगल के कुछ पक्षी चौंक उठे, पर एक पेड़ पर से उड़कर दूसरे पर बैठकर शान्त हो गए—शायद समझ गए कि यह गोली उनके लिए नहीं थी···

केवल पेड़ों के झुंड में खड़े हुए सवार ने अपने घोड़े की गर्दन पर हाथ रखकर जैसे उसे तसल्ली-सी दी—"तुझे भी मालूम है, मुझे भी मालूम है, कि यह गोली हमारे वास्ते है, लेकिन फिक्र न कर···उन्होंने ठौर-ठिकाना ढूंढकर नहीं चलाई···"

पेड़ों ने घोड़े का और सवार का भेद जैसे संभालकर रखा हुआ था उसी तरह संभाले रखा, और बाहर सड़क पर जा रही जीप फिर मुड़कर आगे की ओर चली गयी···

घोड़े के सवार ने पेड़ के एक तने से टेक लगा ली और जीप की दूर जाती हुई आवाज़ को सुनता रहा···

पेड़ पर से कुछ पत्ते झड़कर सवार के कन्धे पर गिरे। इस समय शाम के अंधेरे में पत्तों का रंग भी अंधेरे के रंग का था—पर एक बार वह एकदम सफेद पंखों जैसे होकर उसकी आंखों के आगे बिखर गए···

सवार के होंठों पर एक हल्की-सी स्याही फिर गई। उसे बहुत बरस पहले की एक घटना याद आ गई जब उसने—एक छोटे से बच्चे ने—अपने गाँव की रख में एक बार एक शिकारी को एक सफेद कबूतर पर गोली चलाते देखा था··· और फिर रख की हरी ज़मीन पर उसने सफेद परों का एक ढेर-सा देखा था···

और अनायास ही उसका ध्यान ऊपर पेड़ की एक टहनी की ओर चला गया···

टहनी के घोंसले में से अभी-अभी जैसे एक छोटा-सा पक्षी, पोत-जैसा, घबराकर उड़ा हो···छोटे-छोटे पंखों को तोलता हुआ···फिर नीचे की टहनी पर गिरता और फिर से पंखों को खोलता, उड़ता···और फिर सिमटकर एक और टहनी पर गिरता···

उसने एक पीड़ा से आंखें बन्द कर लीं। पंछी के उड़ने और गिरने वाली बात

भी आज की नहीं थी, बहुत बरस पहले की थी, उसी दिन की, जिस दिन उसने रख में सफेद पंखों का ढेर देखा था···पर वह बीता हुआ कल कई बार अचानक उसके आज में आ जाया करता था···आज भी आ गया···

और उसे लगा जैसे वह छोटा-सा पंछी अनेक वर्षों से उसी प्रकार उड़ रहा हो, उसी प्रकार गिर रहा हो, और फिर उसी प्रकार उड़ रहा हो···

संध्या अब रात-सी हो गई थी, परन्तु अभी भी शायद घोड़े पर सवार होकर सड़क पर से जाना खतरे की सीमा से इधर ही था। इसलिए सवार ने घोड़े की लगाम एक पेड़ से बांध दी और कुछ देर अपना सिर घोड़े की गर्दन से लगाए रखा—जैसे घोड़े को रात के समय जंगल में अकेले रहने के लिए समझा रहा हो···

और फिर वह कन्धे पर से ढलकी हुई कम्बल की बुक्कल को संभालकर पेड़ों के उस झुंड से बाहर आकर सड़क की तरफ चल दिया।

सड़क के दाहिने किनारे से बहुत दूर तक वह जंगल पड़ता था, पर बाईं ओर का कुछ रास्ता काटकर एक छोटे-से शहर की बत्तियां सामने दीख पड़ने लगती थीं···

सदियों पुरानी घाटियों की जिस पास वाली पहाड़ी पर उसका और उसके साथियों का डेरा था, इस समय वह कोसों की दूरी पर था। आज अपने साथियों को बचाने के लिए वह पुलिस को अपने पीछे लगाकर ठिकाने से इतनी दूर निकल आया था कि अब घोड़े के बिना वहां वापस पहुंचा नहीं जा सकता था···

उसने सड़क के बाईं ओर का रास्ता पकड़ा और पास बसे हुए अनजान शहर की रोशनी की सीध में हो लिया···

शहर के बिलकुल पास पहुंचने तक झाड़ियों की ओट थी और बाहर की बड़ी सड़क वहां से बहुत काफी दूर पड़ती थी, इसलिए वह पक्के पैर रखता जब शहर के पास पहुंच गया तो उसने अन्दाज़ा लगा लिया कि शहर की बाहरली गली नाचने-गाने वालियों की गली है।

शहर का परला हिस्सा नींद में डूबा हुआ मालूम होता था··

पर इधर की यह गली अभी जाग रही थी, वह अभी रोशनी से भी धड़क रही थी, और घुंघरुओं की आवाज़ से भी··

शहर के बन्द घरों वाले हिस्से में ओट लेना मुश्किल होता है वहां खाली सूनी गलियां भी किसी गैर को नहीं अपनाती हैं, पर खुले दरवाज़ों वाले घरों की गली रोज के 'अपनों' को भी उसी तरह अपनाती है जैसे गैरों को···और यह सोचता हुआ-सा शहर की उस गली की ओर बढ़ गया जो उस जैसे कई गैरों की गली थी···

ज़िन्दगी में पहली बार ही वह किसी ऐसी गली में आया था···

ऐसी गली, अगर वह उसके बुलावे पर आता तो शायद पहली बार के संकोच में उसे वह ऊपरी-सी लगती, परन्तु आज जब कि इस गली ने न उसके तन को बुलाया था, न मन को, उसे वह अपनी-सी लगी···

गली के मोड़ वाले घर में बाकी घरों के मुकाबले में ज़्यादा तेज़ रोशनी भी थी, और बाकी घरों के मुकाबले में ज़्यादा तेज़ घुंघरुओं की आवाज़ भी थी, और उसे लगा—शायद वहां गैरों की गिनती भी बहुत होगी···और एक गैर का बहुत-से गैरों में मिल जाना, उसके खतरे को कम करता हुआ लगा।

उस घर का सीधा सीढ़ियों वाला रास्ता उसके लिए भी उतना ही खुला हुआ था जितना किसी और के लिए पर गली की कई सीढ़ियों से उतरते हुए और कई सीढ़ियों पर चढ़ते हुए लोग उसे गली के फर्श पर पड़े हुए मैले और फटे हुए कागज़ों जैसे लगे और अचानक सीढ़ियां चढ़ते हुए उसके पैर रुक गए···

वह फिर गली के मोड़ से पीछे लौटा और मोड़ वाले घर के पीछे उजाड़ की ओर खुलती हुई खिड़की के नीचे खड़े होकर—जैसे आंखों से उसकी ऊंचाई नापने लगा···

इस समय वह रोशनी की पीठ से लगे हुए अंधेरे में खड़ा हुआ था—और यहां से दूर पार तक बाहर की सड़क से मिलने वाली सडक दिखाई देती थी···

कुछ देर तक वह खड़ा रहा और दूर सड़क की ओर इस तरह देखता रहा, जैसे पीछा करने वालों की प्रतीक्षा कर रहा हो···

और फिर जब अचानक उसे दूर बाहरली सड़क की ओर से एक जीप शहर की सड़क की तरफ आती दिखाई दी तो उसे लगा कि वह वहां खड़ा हुआ एक खतरे से खेल रहा है···

और उसने जल्दी से दीवार की ऊंची ईंट को पकड़कर अपने पैरों को दीवार के मोघलों में अड़ाकर और फिर अपने शरीर को एक झटके से ऊपर उठाया और घर के पिछवाड़े की खिड़की को पकड़ लिया···

खिड़की की कुंडी को बस ज़रा-सा अड़ाया हुआ था, वह उसके हल्के से धक्के से खुल गई। वैसे भी उसने देखा कि खिड़की का एक शीशा एक हथेली भर टूटा हुआ था जिसमें से हाथ डालकर वह कुंडी को भी खोल सकता था···

कमरे के अंधेरे से अभी उसकी आंखें परिचित नहीं हुई थीं कि बाईं दीवार के पास पड़ी हुई एक मेज़-सी उसके घुटने से टकराई। पर बराबर वाले कमरे में तबले हार्मोनियम की और घुंघरुओं की आवाज़ इतनी तेज़ थी कि घुटने के मेज़ से टकराने का खड़का उसमें डूब गया···

और शायद गीत के एक बोल में घुटने की चीस भी डूब गई···बराबर के कमरे से आवाज़ आ रही थी—

मेरा जाम खाली हो रहा, भर लूं ज़रा
जीने की बात फिर सही, मर लूं ज़रा

और अंधेरे में मेज़ को टटोलते हुए और मेज़ और दीवार के बीच की जगह में अपने आप को छिपाते हुए उसे ख्याल आया—यह मुजरे के बोल कैसे हैं ? जहां हाथ लगाते ही तबले का मरा हुआ चमड़ा जी उठता है, वहां कोई जीने की बात को टाल कर मरने की बात कर रहा है···

दोनों कमरों के बीच सिर्फ दीवार का फासला था, और उस कमरे में जितनी भी आवाज़ें थीं वह सारी इस कमरे में आ रही थीं···सिर्फ उस कमरे की एक रोशनी थी जिसे इस कमरे में आने का अधिकार नहीं मालूम होता था···

और उसे···अंधेरे के कोने में बैठे हुए लगा, जैसे उस कमरे की रोशनी ने अपने दिल का सारा अंधेरा इस कमरे में रखा हुआ है···

रोज़ मुजरा खत्म होने पर जब लोग सीढ़ियां उतरते थे, चम्पा, कमरे की जलती हुई बत्तियों में एक बुझी हुई बत्ती-सी कुछ देर खड़ी रह जाती थी···आज भी कमरे के फर्श पर कुछ खाली बोतलें थीं, कुछ खाली गिलास, और कुछ खाली सिगरेटों की डिब्बियां···

और चम्पा फर्श पर बिखरे हुए फूलों को एक मुट्ठी में लेकर अचानक ऐसे सूंघने लगी जैसे देख रही हो कि फूल भी अब खुशबू से खाली हैं या नहीं···

सिर्फ आज नहीं, चम्पा को रोज़ लगता था कि दुनिया के कुछ फूल रोज़ एक महफिल की मौत मरते हैं···

और रोज़ मुजरा खत्म होने पर फूलों की कितनी ही लाशें फर्श पर पड़ी हुई होती हैं—

आज भी फर्श पर कुछ नोट भी पड़े हुए थे—फूलों की लाशों की तरह···

और चम्पा की दासी रोज़ रात को कमरे को बुहारती हुई जब नोटों को चुनती थी तो चंपा को लगता था—जैसे वह कूड़े में गिरे हुए कुछ पैसों को उठा रही हो···

आज भी चम्पा रोज़ की तरह हल्के आसमानी रेशम का सूट पहने हुए अभी यूं खड़ी हुई थी कि पहले तो गली से कुछ शोर-सा सुनाई दिया, और फिर उसकी अपनी सीढ़ियों की तरफ से···

और फिर अचानक पुलिस का एक इन्सपेक्टर उसके कमरे में झांकता हुआ भीतर आ गया···

पूछने लगा, "यहां अभी-अभी कोई अजनबी आया था ?"

चम्पा के पैरों के घुंघरुओं ने एक बार हैरान होकर इन्सपेक्टर की ओर देखा, फिर चम्पा ने कहा, "यहां सब अजनबी आते हैं।"

इन्सपेक्टर ने खाली कमरे को देखा, फिर कमरे के फर्श की ओर देखने लगा—जैसे वह फूलों और नोटों की लाशों को देख रहा हो। पूछने लगा, "सब चले गए ?"

"हां। सब।" चम्पा ने कह दिया, पर उसे लगा कि यह तो कहने और पूछने के बगैर भी दिखाई दे रहा था कि सब चले गए हैं।

इन्सपेक्टर ने हाथ से नहीं, पर जैसे नज़र से फर्श पर पड़े हुए कुछ नोट उठा लिए और कमरे से बाहर जाते हुए कहने लगा, "आज रात होशियार रहना, एक डाकू कहीं इसी तरफ आया हुआ है···"

दासी के गले में एक चीख आकर अटक गई और वह कमरे का दरवाज़ा बन्द करते हुए घबराकर चम्पा के पास आकर खड़ी हो गई···

कमरे के दोनों तरफ खुली हुई खिड़कियां, हैरान-सी, कभी बाहर की ओर देखती थीं, कभी अन्दर की ओर। और दासी ने घबराकर कहा, "सब खिड़कियां बन्द कर दूं, बीबी ?"

चम्पा, पैरों के घुंघरुओं की तरह चुप खड़ी रही ! दासी ने खिड़कियां बंद कर दीं तो चम्पा कुछ चौंकी, कहने लगी, "ऐसे तो सांस घुटता है बांकी ! यह पीछे-वाली खोल दे !"

दासी, हुकम की बंधी हुई-सी, खिड़की की ओर मुड़ने लगी, पर उसके पैर हुकम को मानने से इनकारी हो गए—कहने लगी, "अगर वह इस खिड़की से आ गया तो ?"

चम्पा के होंठों के पास, फूल की एक टूटी हुई पत्ती जैसी मुस्कराहट आई, कहने लगी, "वह यहां आकर क्या लेगा ? चोरों का और अंधेरे का एक रिश्ता होता है।"

दासी के मन में वही खटका, कहने लगी, "पिछली तरफ तो एकदम वीरानी है।"

चम्पा के होंठों पर से टूटी हुई फूल की पत्ती जैसी मुस्कराहट भी झड़ गई, कहने लगी, "क्या आगे की तरफ वीरानी नहीं ?"

दासी चम्पा की ओर देखती रही, फिर कहने लगी, "उस तरफ गली बसी हुई है···"

"गली के बसे हुए होने से क्या होता है···" चम्पा ने धीरे-से कहा और भीतर सोने के कमरे में जाते हुए बोली, "देख बांकी ! तू कुछ खा ले और सो जा। मेरा अभी कुछ खाने को जी नहीं कर रहा है···"

दासी ने कमरे में बिखरी हुई चीज़ों को बुहारने के लिए हाथ में झाड़ू ली, पर झाड़ू का मुट्ठा खुल गया और कमरे के बिखराव में झाड़ू भी सींक-सींक होकर बिखर गई···

और वह मन के विचारों को इकट्ठा करते हुए झाड़ू का मुट्ठा बांधने के लिए एक रस्सी ढूंढ़ने लगी···

चम्पा ने अपने सोने के कमरे का दरवाज़ा पार किया, दरवाज़े की बाईं दीवार के पास लगे हुए बिजली के बटन को हाथ से टटोलकर, और कमरे में रोशनी करके वह सीधी मेज़ के मैले से शीशे के सामने जाकर खड़ी हो गई···

चम्पा के गले में पड़ा हुआ हल्के आसमानी रंग का सितारों जड़ा दुपट्टा शीशे को झिलमिला गया और चम्पा ने दुपट्टे को कंधे पर से उतारकर पास पड़े हुए स्टूल पर रख दिया और आज के मुजरे वाले गीत की एक पंक्ति गुनगुनाई—'जीने की बात फिर सही, मर लूं ज़रा···'

और शीशे के सामने खड़ी हुई चम्पा जैसे जीने के सारे सामान को एक-एक करके बदन पर से उतरने लगी—पहले माथे का टीका, फिर कानों के झूमके···फिर गले के मोती···

और चोली के पीठ की ओर लगे बटनों को खोलते हुए जब उसने आखरी बटन पर हाथ रखा—बाईं ओर से, मेज़ और दीवार के बीच की जगह से—जैसे गैब से उतरी हुई एक बन्दूक ऊपर को उठी—और चम्पा की ओर उसकी लोहे की नाली तन गई—

नाली का मुंह सीधा परली दीवार की ओर था, छाती की ओर नहीं—सिर्फ ऐसे जैसे चम्पा के सामने की ओर लोहे की एक मोटी-सी सीख तन गई हो। और वह जहां खड़ी थी, उसे वहां ही खड़े रहने के लिए कहती हुई शायद पहना हुआ कपड़ा उतारने को मना कर रही थी···

चम्पा पल भर के लिए सिर्फ लोहे की नाली की ओर देखती रही, फिर धीरे-से, बन्दूक वाले हाथ की ओर देखते हुए कहने लगी, "डाकू ? तुम फिर आ गए ?"

बन्दूक निश्चल रही, पर बन्दूक पकड़ने वाला हाथ कुछ चकित हुआ, और उस हाथ वाले ने कहा, "मैं पहले कभी नहीं आया···"

चम्पा ने इस बात का उत्तर नहीं दिया, केवल उसकी आंखों में एक बार सीधे देखकर बोली, "ज़ेवर चाहिए ? पर मेरे पास बहुत नहीं हैं···"

वह, जिसने कमरे के कोने की पनाह ली थी, कहने लगा, "नहीं, मैं ज़ेवर लेने नहीं आया···"

"फिर ?" चम्पा के होंठों की लाली जैसी एक मुस्कान उसके होंठों पर जम गई, कहने लगी, "मुझे ले जाना चाहते हो ? चलो, ले चलो। पर इससे आगे अब कहां ले जाओगे ?"

और वह हाथ में पहनी हुई कांच की चूड़ियों को उतारते हुए कहने लगी, "तुम मुझे यहां तक ला सकते थे, ले आए। अब इसके आगे औरत कहां जा सकती है ?"

बन्दूक वाले ने, बन्दूक के दस्ते पर, हाथ की पकड़ को कसा। न जाने क्यों उसे पल भर के लिए लगा कि जैसे सामने खड़ी हुई उस औरत ने बन्दूक उसके हाथ से लेकर अपने हाथ में पकड़ ली थी···हैरान-सा होकर उसने सिर्फ इतना कहा, "आपको कोई गलतफ़हमी हुई है···"

चम्पा ने उसकी ओर देखा, उसकी ओर नहीं, उसके कहे 'आप' शब्द की ओर। पर फिर सामने शीशे में देखते हुए कहने लगी, "मुझे कोई गलतफ़हमी नहीं है···अब गलतफ़हमी और खुशफ़हमी बहुत पीछे छोड़ आई हूं···मैं तो बहुत आगे आ गई हूं···यहां तक···"

बन्दूक वाले को लगा जैसे वह भी बन्दूक के ठंडे लोहे की तरह हो गया हो। कहने लगा, "मैं यहां पहली बार आया हूं··इस तरह किसी के घर पहली बार···"

"नहीं, दूसरी बार···" चम्पा के होंठ, उसकी पलकों की तरह, एक बार बन्द हुए और खुले, और फिर वह अपनी काली आंखों की एक सफेद-सी नज़र से उसकी ओर देखते हुए कहने लगी, "जब तुम पहली बार आए थे, मैं बहुत छोटी थी, बच्ची-सी थी···मुश्किल से कोई बारह बरस की···"

वह बन्दूक वाला कुछ बोलने लगा था, फिर चुप हो गया। सिर्फ 'तुम' शब्द उसके होंठों के पास आया और होंठों पर···खड़े होकर चम्पा की ओर देखने लगा। चम्पा ने ही कहा, "तुम यही कहना चाहते हो कि वह तुम नहीं थे पर इससे क्या फर्क पड़ता है···"

और वह जैसी ठंडी-सी नज़र से उसकी ओर देख रही थी, उसी नज़र से शीशे की ओर देखते हुए कहने लगी, "वह तुम थे या तुम्हारे जैसा कोई और, एक ही बात है···"

और फिर वह चोली के सितारों की तरह चमकती हुई-सी कहने लगी, "जब मेरे पास कुछ नहीं था, घर में कुछ रुपया-पैसा था, पर मुझे पता नहीं था वह कहां रखा हुआ था—नहीं तो शायद वह देकर छूट जाती···पर अब मैं कुछ गहना और रुपया दे सकती हूं।"

बन्दूक वाले ने, बन्दूक की तनी हुई नाली की भांति तनकर कहा, "मैं सच कहता हूं, मैं सोना और रुपया लेने नहीं आया हूं···"

चम्पा, शरीर पर पड़ी हुई चोली के खुले हुए बटनों की तरह हंस दी, बोली, "तो आज फिर सौदा करोगे? मुझे ले जाओगे? पर कहां? कह तो चुकी हूं कि औरत को इसके आगे कोई कहां ले जा सकता है।"

बन्दूक वाले को अपनी भरी हुई बन्दूक खाली-खाली लगी, और वह बन्दूक को कुछ परे हटाते हुए और दो कदम आगे बढ़कर चम्पा के कुछ पास आकर कहने लगा, "देखिए! मैं आपसे कुछ लेने के लिए जरूर आया हूं, पर यह सब नहीं··· जो आप सोचती हैं। मैं आपके पास पनाह लेने के लिए आया हूं···"

अब चम्पा चुप रह गई···

उसी ने पूछा, "क्या मैं आपका नाम पूछ सकता हूं ?"

चम्पा चोली के खुले हुए बटनों को बन्द करते हुए कहने लगी, "पूछकर क्या करोगे ? एक फूल का नाम था जो मैंने बदनाम कर दिया···"

"क्या मतलब ?"

"यही कि मेरा नाम चम्पा है।"

और चम्पा कुछ सोचते हुए कहने लगी, "अच्छा यह बताओ, तुम मुझे कभी 'तुम' कहते हो, कभी 'आप' यह क्यों ?"

बन्दूक वाले का मुंह एकाएक उदास-सा हो गया, पर बाहर उभर आई उदासी को उसने फिर भीतर करते हुए कहा, "तुम ऐसे ही मुंह से निकल गया था, किसी का खयाल आ गया था···"

चम्पा के मुंह से निकल गया, "किसका ?"

पर जब बन्दूक वाले ने कहा, "आप जानकर क्या करेंगी ?"

चम्पा ने कहा, "हां ! मैं क्या करूंगी जानकर।" और फिर चम्पा ने जल्दी से कहा, "अच्छा बोलो। अब कब तक तशरीफ़ रखोगे ?"

उस बन्दूक वाले को हंसी-सी आ गई कहने लगा, "अगर किसी डाकू से तशरीफ़ रखने के लिए कहा जा सकता है तो करीब दो घंटे और तशरीफ़ रखूंगा।"

चम्पा तमक-सी गई, कहने लगी, "यानी पुलिस जब तक तुम्हारी तलाश में शहर के दूसरे कोने पर नहीं चली जाती ?"

उसने उसी ठंडी-सी आवाज़ में उत्तर दिया, "जी हां !"

चम्पा चुप-सी रह गई तो उसने पूछा, "अब मैं एक घड़ी यहां इत्मीनान से बैठ जाऊं ?"

किन्तु उसे अपने आप पर झिझक आई कि उसने किसी औरत के सोने के कमरे में बैठ जाने की बात कही थी, इसलिए जल्दी से कहने लगा, "यहां नहीं, बाहर के कमरे में···"

और वह जब बन्दूक को कन्धे से लगाकर अपने कम्बल की बुक्कल मारकर बाहर के कमरे में जाने लगा तो चम्पा ने उसे रोका, "ठहरो। मेरी दासी शायद अभी सोई नहीं होगी, वह तुम्हें देखकर चीखें मारने लगेगी···"

वह रुक गया और चम्पा की ओर देखते हुए सोचने लगा—पर इस औरत ने मुझे देखकर चीखें क्यों नहीं मारीं ?

कई प्रश्न होंठों पर नहीं आते, पर आंखों में जैसे लिख जाते हैं···

चम्पा ने उसके बैठने के लिए, जिस स्टूल पर दुपट्टा उतारकर रखा था उस पर से दुपट्टा उठाकर फिर कन्धों पर डाल लिया और स्टूल उसके बैठने के लिए आगे कर दिया। कहने लगी, "तुम यही सोच रहे हो न कि मैं तुम्हें देख कर क्यों

चीखें नहीं मारने लगी ?"

उसने स्टूल पर बैठते हुए सिर हिलाया, और चम्पा की ओर देखा।

उसने चम्पा को अभी तक केवल ऐसे देखा था जैसे आंखों को चौंधियाने वाले एक रूप की ओर देखा हो—केवल ऊपर दीखती हुई तह तक। और उसे लगने लगा कि मन की झलक शायद ऊपरी तह पर कभी नहीं आती···

चम्पा कह रही थी, "जितना कोई किसी डाकू को देखकर चीख सकता है—उस सब में से मैं गुजर चुकी हूं···"

ज़िन्दगी की कुछ घड़ियां कभी-कभी इतनी भयानक होती हैं कि बरसों बाद भी याद आ जाएं तो पूरी की पूरी फिर से घटती हुई लगती हैं···

चम्पा का जवान शरीर जैसे अपने आप में ही सिकुड़ने लगा···जैसे कोई पूरे खिले हुए फूल की पत्तियां तोड़कर उसे पल भर में एक डोंडी-सा बना दें···

एक बारह बरस की कांपती हुई-सी लड़की शायद चम्पा के शरीर में हमेशा के लिए उतर गई थी—

चम्पा को याद आई एक भयानक घड़ी, जैसे अब भी कमरे में घट रही हो··· वह सुनाते हुए कांप रही थी—"बारह बरस की थी, एक साहूकार बाप की बेटी, जब घर में डाकू आए थे···उन्होंने सबसे पहले मेरे पिता को एक चारपाई पर डालकर रस्सियों से बांध दिया था···सारे घर पर दहशत छा गई थी, नहीं सारे घर पर नहीं—सिर्फ मेरे पिता की आंखों में—और वह सदा के लिए मेरे पिता की आंखों में रह गई—आंखों में जम गई—"

पलंग की पट्टी पर बैठे हुए चम्पा ने दो बार पलंग की मच्छरदानी के डंडे से अपने सिर को टेक-सी लगाई—पर उसके मन में पड़ी हुई उसके पिता की आंखें अपनी मौत के बाद भी, उसकी ओर देखे जा रही थीं···

वह, जो आज कमरे में आया था, स्टूल को आगे सरकाकर, पलंग के पास बैठ गया। पर चम्पा को—ज़िन्दगी की उस भयानक घड़ी की स्मृति में, न कोई इधर दिखाई दे रहा था, न उधर···

उसे सिर्फ बान की एक खाट दिखाई दे रही थी जिस पर रस्सियों से बंधा हुआ उसका पिता उसकी ओर देखे ही जा रहा था···

घर में डाकू आते हुए दिखाई दिए थे, पर मौत आती हुई नहीं दिखाई दी थी। उसने न जाने कब अन्दर आकर उसके पिता की जबान गूंगी कर दी थी···

उस समय चीखकर उसने भी पिता को आवाज़ें दी थीं, और डाकुओं ने भी कहा था, "साले ! बोलता क्यों नहीं, सोना कहां दबाया हुआ है ?" पर वह कुछ नहीं बोला था।

और फिर जब डाकुओं ने ही कहा था, "मर गया साला", तब उसे पता लगा था कि उसका पिता क्यों नहीं बोलता···

तब तक, उस बारह बरस की बच्ची को, दुनिया का यह एक भयानक सत्य मालूम नहीं था कि एक छोटी-सी लड़की भी खजाने की चाबी होती है···

उसे यह बात भी डाकुओं ने बताई थी—उनमें से एक ने कहा था, 'छोड़ो यार ! खजाने की चाबी नहीं मिली तो नहीं सही। यह लड़की भी तो खजाने की एक चाबी है···" और वह उसे, बारह बरस की लड़की को, घर से घसीटते हुए ले गए थे···और उसे जब एक गुलाब बाई के हाथ बेचकर उन्होंने दस हजार रुपए लिए थे तब उसे यह बात मालूम हुई थी कि छोटी लड़की भी खजाने की चाबी होती है···

चम्पा को बीती हुई भयानक घड़ी के बाहर आते हुए न जाने कितनी देर लगती, पर वह जो आज कमरे में आया हुआ था, स्टूल से उठकर उसके बिलकुल पास खड़े होकर उसकी कनपटी पर एक मोटे तिल की ओर देखते हुए उससे पूछ रहा था, "तू रतना है ? बोल, तू रतना है ?"

चम्पा ने कुछ हैरान-सी होकर, उसकी ओर देखा, जैसे वह अभी भी कल और आज के बीच की लकीर पर खड़ी हुई हो, और वह जो पास खड़ा हुआ था, वह उसे न पूरी तरह दिखाई दे रहा हो, न सुनाई दे रहा हो···"

उसने चम्पा के कंधे पर हाथ रखा, और फिर पूछा, "बता, तू रतना है ?"

चम्पा कन्धे पर से हाथ को हटाते हुए पलंग की पट्टी पर से उठ बैठी, तमक-सी गई, और पूछने लगी, "तू कौन है ?"

अब कमरे में आने वाले ने कम्बल उतार दिया। कंधे से बन्दूक को हटाकर एक ओर रखा, और हौले से कहा, "मैं राजू हूं, रतना ! तुझे याद नहीं, एक राजू होता था···"

"तू राजू ? वही राजू ?" रतना की अपनी आवाज़ से ही अपने होंठ कांपगए···

और उसके कंधे पर पड़ा हुआ हल्के आसमानी रंग का सितारों वाला पल्ला जब कन्धे से ढलक कर उसकी बांह की ओर आया तो उसे लगा जैसे आसमान का एक टुकड़ा आज तारों समेत उसकी बांहों में आ गिरा है···

रतना को गले से लगाते हुए राजू की आँखें मुंद-सी गईं जैसे आज के स्वप्न सरीखे सत्य को वह आंखों में बन्द कर लेना चाहता हो—

और उसे याद आया—आज शाम के समय जब वह पेड़ों के झुंड में खड़ा हुआ था, तो सूरज की लाली का एक टुकड़ा उसकी बांह पर आकर टिक गया था, और उसने कम्बल की बुक्कल खोलकर धूप के उस टुकड़े को अपनी बांह से कसकर लगा लिया था···

और अब···कोई आधी रात के समय, सूरज की धूप जैसी रतना सचमुच उसके गले से लगी हुई थी···

—**उनकी कहानी** उपन्यास से

कोई नहीं जानता—लौंगवती ने ठकुराइन के साथ रिश्तेदारी का जोड़-तोड़ तो लगा ही लिया था, बेनू की खातिर उसने रिश्ते में भाई लगने वाले चन्दन सिंह से भी बोल-चाल गांठ ली थी, और आते-जाते चन्दन सिंह की आंखों में बेनू की चमक डलवा दी थी। पर चन्दन सिंह जब बेनू से बात करने के लिए उत्सुक हुआ था, तब लौंगवती ने बेनू को पीछे खींच लिया था। लौंगवती ब्याही हुई थी, बेनू से ढाई बरस बड़ी भी थी, पर यह छोटे-से ढाई बरस उसे बेनू से कहीं ज्यादा अनुभवी बना गए थे। उसने चन्दन सिंह के चंचल हो रहे मन को देख लिया था, पर वह नहीं चाहती थी कि छुरी एक बार में ही पार हो जाए। चन्दन साधारण घर का हो, तो और बात थी, पर वह कुंवर चन्दन सिंह था। साधारण जवानी एक ही राह पर पैर रखती है, पर अमीरज़ादों की जवानी एक ही पैर को सात राहों पर रखती है। और वैसे भी लौंगवती सोचती थी—किसी घाव की इतनी पीड़ा नहीं होती जितनी गड़े हुए कांटे की।

और फिर जब एक दिन दोपहर के समय बरात खाना खाने बैठी थी, औरतें गा रही थीं—"अब तो बैठ गई ज्यौनार जनकपुरी के अंगना"—चन्दन सिंह ने लौंगवती का पल्ला खींचकर उसे कनात की ओट में करके पूछा था, "वह कहां है?" और लौंगवती ने ओठों की हंसी को दबाकर पूछा था, "वह कौन?"

पर सवालों का लम्बा खेल खेलने का समय नहीं था, चन्दन सिंह की पोर में गड़ा हुआ कांटा उसके सारे हाथ को तड़पा रहा था। उसने तड़पते हुए हाथ से लौंगवती का हाथ मरोड़ा—"रिश्ते की बहन नहीं, धर्म की बहन बना लूंगा तुझे, उसे बुला दे।"

लौंगवती ने फिर चन्दन सिंह के मन को टटोलते हुए कहा—"कुंवर साहब! तुम सात गांवों के मालिक, जाकर दही-बूरा खाओ! तुमसे यह गैंचनी और बेझड़ की रोटी नहीं खाई जाएगी···"

चन्दन सिंह का शरीर उस समय कनात की दीवार की तरह कांप गया। अपना पैर उसने कनात के डंडे के समान धरती में गड़ाते हुए कहा, "गैंचनी की रोटी क्या होती है—गेहूं और चने की—और बेझड़ जौ और मटर की?—सौगंध खाता हूं, आज से दही-बूरा मुंह से नहीं लगाऊंगा···अब आगे तुम्हारी मर्ज़ी चाहे भूखा मार दो चाहे—"

लौंगवती सिर्फ वर्तमान का ही नहीं सोच रही थी, वह दूर की बातें पक्की कर रही थी। बोली, "तुम लोगों के खेल न्यारे होते हैं, कुंवर साहब! बड़े ठाकुर साहब को, हाथ लगाने से मैली होने वाली ठकुराइन मिली, पर तब भी सुना है, उनकी रखैलों का अन्त नहीं है, और अब सुना है—उन्होंने रेशमचन्दा को अपने मानिकपुर

आने की साई दी है···"

यह बात लौंगवती की जगह किसी और के मुंह से निकली होती तो, चन्दन सिंह को लगा, वह शायद बन्दूक तान लेता, पर इस समय जैसे उसकी अपनी बंदूक का मुंह उसकी अपनी छाती की ओर था, और हाथों में उसका मुंह मोड़ने की शक्ति नहीं थी। सिर नीचा किए कहने लगा, "महुआ नदी यहां से कितनी दूर बहती है ?"

लौंगवती ने अभी जवाब नहीं दिया था कि चन्दन कहने लगा, "उसका जल गंगा जैसा पवित्र है, चलो, वहां ले जाकर उसके जल की सौगन्ध खिला लो···"

लौंगवती ने फिर बात का रुख मोड़ा, "सुना है कुंवर साहब ! तुम मगरमच्छ का शिकार भी कर सकते हो, और दस फुट के मगर का शिकार तो सुना हुआ था, पर तुमने सत्रह फुट के महारी मगरमच्छ का शिकार किया है, और उसकी खाल तुम्हारी मानिकपुर वाली हवेली की दीवार पर टँगी हुई है···"

चन्दन सिंह लौंगवती की लम्बी बातों से थक चुका था, कहने लगा, "पर आज तो मगरमच्छ का शिकार तुम कर रही हो, मेरी खाल उतारकर किस दीवार पर टांगोगी ?"

लौंगवती सिर के पल्ले को दांतों के बीच लेकर हंस पड़ी। कहने लगी, "वह जो तुम्हारी लगती है, जब उसकी डोली चलेगी, उसे दहेज में दूंगी···"

चन्दन सिंह गम्भीर हो गया, कहने लगा, "पर उसकी डोली तो मेरे घर आएगी···"

लौंगवती को भी उस घड़ी लगा—शायद अनहोनी होनी हो जाए—और मन का संशय मिटाने के लिए पूछने लगी, "ठाकुर होकर खत्रियों के दरवाज़े ब्याहने आओगे ?"

चन्दन सिंह ताव में आकर कह उठा, "वह अहीरन-चमारन हो तब भी आऊंगा···"

और लौंगवती ने हामी भरी, "अच्छा फिर ज़रा कुछ धूप-ढले गांव के बाहर वाली आम की बगीची में आ जाना···तालाब वाली बगीची में।" और लौंगवती ने अपने जी के डर को अपने दांतों के बीच दबाकर कहा, "पर एक बात का ध्यान रखना, तुम हुए गांव के जागीरदार, उसे मालगुज़ारी मत समझ बैठना।"

चन्दन सिंह हंस दिया, "सुना था, लोग चन्दन को रगड़कर माथे पर लगाते हैं, पर तुम तो मुझे ही रगड़कर मेरे माथे पर लगा रही हो, अच्छा वचन पूरा करोगी न ?"

लौंगवती भी नरम पड़ गई, कहने लगी, "करूंगी, तुम्हें धर्म का भाई जो कह चुकी हूं···"

और कोई नहीं जानता—उस दोपहर को जब बरात का खाना हो गया, और

दोपहर काटने के लिए जनवासे की चारपाइयों पर खेस और दुतहियां बिछ गईं, तो सूने रास्तों पर होती हुई, लौंगवती बेनू का हाथ पकड़े उसे आमों की बगीची में ले गई।

बेनू आम की टहनी की भांति कांप रही थी, पर बौर से भी भरी हुई थी। पास ही एक तालाब था, उसके किनारे खड़े होकर अपनी किस्मत की तरह कांपती हुई अपनी परछाईं को देखने लगी···

लौंगवती का मुंह दूसरी ओर था, बाहर गांव की ओर से आती हुई पगडंडी की ओर। उसका खयाल था—चन्दन सिंह अभी देर से आएगा, वह दोनों बताए हुए समय से बहुत पहले ही आ गई थीं—ताकि आगे-पीछे जाते हुए कोई ताड़ न ले···

और फिर बेनू की पानी में कांपती हुई परछाईं में से जैसे एक और परछाईं निकल आई—चन्दन सिंह, जो इनसे भी पहले आमों की बगीची में आकर बैठ गया था। इन दोनों को आते देखकर कोई पल भर के लिए एक तने के पीछे खड़ा हो गया था, कि कौन जाने दोनों के पीछे भी कोई आता हो, पर जब दोनों अकेली तालाब के पास आकर खड़ी हो गईं तो थोड़ी देर प्रतीक्षा करने के बाद चन्दन सिंह भी दबे पांव उनके पास आकर खड़ा हो गया। लौंगवती का ध्यान परली ओर से आने वाले रास्ते की ओर था, इसलिए उसने पीठ के पीछे खड़े हुए चन्दन सिंह को देखा ही नहीं था, और बेनू का ध्यान तालाब के पानी में कांपती हुई अपनी परछाईं की ओर था···

परछाइयां जब दो हो गईं, बेनू समझी जैसे तालाब के पानी में सुपने तैर रहे हों···एक पल के लिए उसने आंखें मींच लीं जैसे इस सच पर उसे विश्वास न बंध रहा हो···

चन्दन सिंह से भी बोला नहीं गया, मानो चुप ने टोना कर दिया हो। अब लौंगवती का ध्यान उधर गया—और चुप का टोना तोड़ने के लिए उसने चन्दन सिंह से पूछा, "क्यों बीर! कैसी लगी मेरी सहेली?"

चन्दन सिंह मुश्किल से कह सका, "तपे हुए सोने की मूरत जैसी।"

लौंगवती मन में खिली थी, पर मुंह से बोली, "फिर वही जागीरदारों वाली बात की न? इसे सोने-चांदी की मालगुज़ारी ही समझ लिया न?"

चन्दन सिंह ने आज तक अपनी बन्दूक का ज़ोर आज़माया था, पर दिल का ज़ोर नहीं आज़माया था। आज पहली बार उसे अपने दिल के ज़ोर का पता लगा—उसके मुंह से निकला, "मूरत चाहे सोने की हो, और चाहे मालगुज़ारी में मिले, उसे तो पूजा ही जाता है···"

"वाह-वा ठाकुर," लौंगवती हंस पड़ी, "बातें तो ज्ञान की करते हो, मैं समझी थी—सिर्फ बन्दूक चलाना ही जानते हो।"

बेनू अभी तक मुह से नहीं बोली थी, पर लौंगवती से बातें करते हुए चन्दन सिंह की आवाज़, उसे लगा, उसके सारे शरीर में से गुज़र कर लौंगवती तक जा रही थी···

लौंगवती ने बेनू को छेड़ा, "यह कुंवर साहब दही-बूरा छोड़कर तेरी गैंचनी की रोटी खाने आए हैं। बावली! इनसे बात तो कर जो भूखे को निवाला मिले···"

और बेनू का सिर नीचा हो गया। वह आंख उठाकर चन्दन सिंह की ओर देख भी न सकी, नीचे तालाब के पानी में उसकी परछाईं देखती रही···

चन्दन सिंह ने जो सिल्क का कुरता पहना हुआ था, वह जब हवा में हिलता तो पानी में जैसे बेनू से आ लगता हो और बेनू सारी की सारी कांप जाती हो···

फिर चन्दन सिंह ने सचमुच अनहोनी को छू लिया। काले डोरे में पिरोया हुआ सोने का ताबीज़ अपने गले से धीरे से उतारकर अपनी हथेली पर रख लिया और हथेली बेनू के आगे करके कहने लगा, "यह लो मेरी अमानत, संभाल कर रखना, जल्दी ही लेने आऊंगा।"

बेनू ने हाथ आगे बढ़ाया, पर उसका हाथ मानो पानी के तालाब में से निकला हो, ठंडा और कांपता हुआ···

चन्दन सिंह के जी में एक बार आया—बेनू का हथेली पर झुका हुआ हाथ हथेली में दबा ले···पर आज लगता था ईश्वर ने उसे ज़ोर भी दिया था और सब्र भी। वह सिर्फ बेनू की कांपती हुई उंगलियों की ओर देखता रह गया···

लौंगवती ने समय की ओर ध्यान दिलाया तो बेनू ने बिदा मांगते हुए ताबीज़ को अपने माथे से लगाया, और अनायास ही उसका सिर चन्दन सिंह के पैरों की ओर झुक गया। लौंगवती बेनू की नाक में पड़े हुए बुलाक को देखकर हंस पड़ी, चन्दन सिंह से कहने लगी, "नाक का बुलाक पैरों का बिछुआ मांगता है ठाकुर!"

"क्या?" बात चन्दन सिंह की समझ में नहीं आई। लौंगवती ने बताया, "बुलाक तो कुंआरी लड़कियां पहनती हैं, बिछुआ ब्याहता। अब समझे, ठाकुर?"

बेनू शर्म से पानी-पानी हो गई जैसे खुद ही पानी का तालाब हो, और खुद ही तालाब में भीगी हो···

आज लौंगवती आते समय बेनू की सहेली थी, पर जाते समय वह मां जैसी ममता से भर गई। तालाब में दोनों की परछाइयों को देखकर कहने लगी, "दोनों कितने प्यारे लग रहे हो, नील सरोवर की मुर्गाबियों जैसे···"

दो दिन अभी गांव में और ठहराव था। चन्दन सिंह ने और बेनू ने एक-दूसरे को दूर से कई बार देखा, पर मन और तड़प उठा, प्यास और भड़क गई।

और जिस दिन ठाकुर पृथ्वी सिंह का लाव-लश्कर लौटने की तैयारी करने

लगा, चन्दन सिंह ने लौंगवती को खोजकर उससे मिन्नत की, "उस संखचील को एक बार तो दिखला दो।"

लौंगवती हंसते-हंसते दुहरी हो गई, "अच्छा ! अब उसका नाम संखचील रख दिया है ?"

चन्दन सिंह का मन मोह में बंधा हुआ था, कहने लगा, "अब सफर पर जाना है न···और संखचील को देखना शगुन होता है···"

"अच्छा, अपने ही शगुन मनाते हो," लौंगवती को छेड़छाड़ सूझ रही थी, पूछने लगी, "पहले यह बताओ, वह संखचील है, या नील सरोवर की मुर्गाबी ?" और फिर साथ ही कहने लगी, "चलो, कुछ भी हो, पर किसी दिन बन्दूक चला-कर उसे मार न डालना, बड़े शिकारी साहब !"

—और जाते-जाते चन्दन सिंह का हाथ मरोड़ गई, "घूमने-फिरने के बहाने उधर चमारों के कुएं की तरफ आ जाओ, मैं तुम्हारी सफेद पंखों वाली संखचील को लेकर अभी आती हूं।"

और कोई नहीं जानता—जब चमारों के कुएं के पास चन्दन सिंह से बेनू मिली, वह बेनू का हाथ पकड़कर सारे समय गुम-सुम-सा खड़ा रहा, न वह आज की बातें उससे कर सका, न कल की···

—**कोई नहीं जानता** उपन्यास से

संजय

दोपहर तप रही थी, जब मेहतर के लड़के ने संजय के दरवाज़े को खटखटाया और कहा, "आपके गांव से कोई आदमी आया है जी, बेचारा एक घंटे से परेशान हो रहा है जी, आपको पूछता हुआ···

"मेरे गांव से ?" संजय को हैरानी-सी हुई। मन में अपने सारे खानदान का नक्शा घूम गया, पर दूर-पास का कोई रिश्ते में भी ऐसा व्यक्ति याद नहीं आया, जो आज वर्षों बाद उसे ढूंढ़ता हुआ आ सकता हो।

"मैं जी उसे एक घंटे से देख रहा था, गेट के अन्दर आकर कभी किसी से पूछता था, फिर बाहर सड़क पर चला जाता था, फिर लौटकर आ जाता था। फिर मैंने उससे पूछा कि आप किसका घर ढूंढ़ रहे हैं।"

"फिर ?"

"बोला, 'जो किताब लिखते हैं,' सो मैंने उसे झट से बता दिया। देखो जी, उसने कइयों से पूछा, पर किसी को भी पता नहीं कि आप किताब लिखते हैं। मुझसे उसने पूछा ही नहीं था, नहीं तो मैं पहले ही बता देता।"

संजय को हंसी आ गई। लगा, सारी इमारत में शायद यही मेहतर का लड़का है, जिसे उसका भेद मालूम है। हंसकर बोला, "सो मेरे एकमात्र बायोग्राफर, जाओ, उसे अन्दर बुला लाओ।"

मेहतर के लड़के की समझ में आधा वाक्य नहीं आया, पर आधा समझ में आ गया, इसलिए बाहर जाकर 'गाँव से आने वाले' को अन्दर बुला लाया।

सचमुच किसी गांव से आया हुआ कोई आदमी था, शरीर पर खद्दर का कुरता-पाजामा, जो दिन-भर की धूप और धूल से अटा हुआ था, शर्मिंदा-सा उसके शरीर से सटा हुआ था। उसके पांवों का लाल मैली जूती में भी एक विनम्रता थी, और वह सकुचाकर कमरे की दरी की ओर देख रही थी···

"आप हो न संजयकुमार, जिन्होंने वह किताब लिखी है?" आगन्तुक ने पूछा।

"जी हां।"

"बस जी, मेरा जी करता था आपको देखने को।"

संजय ने आगन्तुक से बैठने के लिए कहा, पर किसी पाठक का यह रूप उसने कल्पित नहीं किया था, इसलिए पूछा, "आपको पसद आई, मुझे खुशी है; पर आपको कठिन नहीं लगी?"

संजय को अपना वाक्य अच्छा नहीं लगा। लगा कि उसे किसी की समझ पर सवाल करने का अधिकार किसी तरह भी नहीं था। लेकिन सुनने वाले ने हंसकर सुना, कहा, "नहीं जी! मैंने तो वह औरों को भी पढ़कर सुनाई है। हमने, कोई दस आदमियों ने पढ़ी है जी, पर एक बात जरूर है जी, यह शोर-गुल में पढ़ने वाली किताब नहीं है। इसे तो आदमी अकेले में बैठकर पढ़े, और वह भी मन-चित लगा के। और बीच में कोई उसे बुलाए-चलाए भी नहीं···"

संजय को यह मन-चित लगाकर पढ़ने वाली, सीधी-सादी भाषा में कही गई बात बहुत अच्छी लगी, और उसने आगन्तुक को पहली बार आदर से देखा।

"मुझे जी शहर आना था, अफ्रीका का टिकट बनवाने के लिए···"

"आप अफ्रीका जा रहे हैं?"

"हमारे ताऊ जी वहां रहते हैं जी। एक मौका निकल आया जाने का, बहन का ब्याह है, वहां ताऊ जी की लड़की का। कहते हैं, 'लड़के! आ जा दो-चार महीने यह दुनिया भी देख जा।'"

संजय को उस आदमी की सादगी भली-सी लग रही थी। कुछ कहने की बजाय वह उसी की बात ध्यान से सुनता रहा। वह कह रहा था, "सो, मैंने किताब पर प्रकाशक का पता देखकर उसे खत लिखा था और आपका पता मालूम कर लिया था।"

"आप गांव में क्या करते हैं?"

"बस जी, जून भुगतते हैं···"

संजय कुछ हैरान हुआ, पर उसने दिलचस्पी से पूछा, "वहां कुछ जमीन होगी ? खेती-बाड़ी करना भी बढ़िया काम होता है।"

"वह तो जी ठीक है, पैसे-टके होते हैं गुजारे लायक। पर सच पूछें तो हम जून काट रहे हैं। हम दो-चार आदमी हैं, कुछ सुलगन है जिनमें। चोरी-छिपे शहरों का चक्कर लगा लेते हैं। कोई अच्छी किताब मिल जाती है तो वह भी चोरी-छिपे ले जाते हैं।"

संजय को उसकी 'सुलगन वाले आदमियों' की बात छू गई। लेकिन शहर जाकर और कुछ करने की जगह चोरी-छिपे किताबें खरीदने वाली बात अजीब लगी। पूछा, "क्या किताब पढ़ने और खरीदने के लिए भी चोरी की जरूरत होती है ?"

वह हंस दिया। अब शायद वह संजय से बातें करते-करते सहज हो गया था, अब उसमें पहले का संकोच नहीं था ? कहने लगा, "हम एक खास फिरके के लोग हैं जी, एक धार्मिक वर्ग के हमारे गुरु की गद्दी पर आजकल जो गुरु जी हैं, उनका बस यह आदेश है कि जो धार्मिक पुस्तक वह हमें पढ़ने के लिए दें, हम बस उन्हें ही पढ़ें। वह हमें और किताबें नहीं पढ़ने देते। सोचते होंगे, अगर इन लोगों को अक्ल आ गई तो फिर हमारा आदेश कौन मानेगा।"

संजय ने एक आश्चर्य से उस गांव से आए हुए व्यक्ति की ओर देखा, लगा, फ्रायड के शिक्षा और समाज वाले विशेषण को कभी किसी ने इतने सरल और सीधे शब्दों में नहीं कहा होगा।

"क्यों जी, मैं क्या गलत कहता हूं ?" उसी ने पूछा शायद इसलिए कि संजय चुप था।

"नहीं। मैं सोच रहा था, अगर आप इस तरह सोचते हैं तो उसको छोड़ क्यों नहीं देते ?"

"हम बाप-दादा के समय से उस सम्प्रदाय में हैं जी। बात यह है जी, कि संप्रदाय का जो पहला गुरु था, वह तो सच्चा क्रांतिकारी था, उस समय जो उसके साथी थे, वे भी धर्म-कर्म वाले थे। उन्होंने तो अंग्रेजी शासन से लड़ाई भी लड़ी थी। बाद में कोई गुरु नहीं रहा जी, बस गद्दी रह गई, और गद्दियां आप जानते ही हैं कैसे चलती हैं···"

संजय ने सुराही से पानी का गिलास भरा, सामने रखा, पूछा, "कुछ और पिएंगे ? कुछ ठंडा ? या चाय ?"

"लो जी, किसे खयाल था कि आपके हाथ का कभी पानी पिएंगे ! आपने जी किताब में वे बातें लिखी हैं, जिनसे अन्दर आग सुलग उठती है।"

संजय को अजीब-सा एहसास हुआ कि आज एक पाठक ने कड़ी धूप झेलकर

एक लेखक को नहीं पाया, आज एक लेखक ने वर्षों बाद एक पाठक को पाया है···

"मुझसे बताया नहीं जाता जी···बस, यही जी करता था कि एक बार आपको आंखों से देख आऊं। मैंने शायद आपका हर्ज ही किया हो काम का···पर आपकी मेहरबानी, आपने आए हुए आदमी से पांच मिनट बातें कर लीं···"

"नहीं, बैठिए ! मैं खाली हूं।" संजय ने कहा, और पूछा, "पर यह बताइए, अगर आपका अपने संप्रदाय में विश्वास नहीं है, तो फिर आपको मजबूरी किस बात की है ?"

"मजबूरी एक ही होती है जी, रोटी की।"

"पर आपके पास अपनी जमीन है, अपने खेत, फिर मेहनत आपकी अपनी···"

"जमीन भी अपनी जी, शरीर भी अपना, पर यह सुसरी ज़िन्दगी ही अपनी नहीं होती। आज थोड़ा-सा पता लग जाए कि यह आदमी गुरु से इनकारी होने को फिर रहा है, रात से पहले ही उस पर कोई इलजाम लग जाएगा, और अगले दिन उसके हथकड़ियां··"

"पर यह कैसे हो सकता है ? कानून तो मजहब के अधिकार में नहीं होता।"

"पैसे के अधिकार में सबकुछ होता है जी। गुरु जी अपने इलाके का थानेदार भी अपनी मर्ज़ी का रखवाते हैं।"

संजय को लगा, उसने एक वास्तविकता की भयानकता देखी है।

वह बता रहा था, "और जी, जो ऊपर अफसर होता है, लोगों के सामने तो गुरु जी के आगे वह हाथ जोड़ता है, लेकिन लोगों से चोरी गुरु जी जाकर उसके आगे हाथ जोड़ते हैं···अफसर का क्या जाता है जी वह तो खाली हाथ ही जोड़ता है, पर गुरु जी तो रुपयों की थैली वाला हाथ जोड़ते हैं।"

"सच !"

"कैसा अनर्थ है जी। वह जो पहला गुरु था, वह तो हुकूमतों से लड़ता था, और यह जो गद्दी पर हैं, यह हुकूमतों के तलवे चाटते हैं।"

संजय की ज़िन्दगी में यह पहला दिन था कि एक पाठक के मन का सेंक उठकर उसके एक लेखक के, अन्तर्मन को व्याकुल कर गया। वह पूछने लगा, "यह सब-कुछ जानकर भी आपके भीतर विद्रोह नहीं उठता ?"

"यहां से उठता है जी, छाती में से आग की लपट की तरह, पर गले में आकर अटक जाता है। गले में से रोटी का ग्रास भी तो निगलना होता है।"

संजय चुप रह गया।

आगन्तुक ने जेब से एक छोटी-सी कापी निकाली और संजय के सामने रख-कर बोला, "मुझे अपनी एक निशानी दे दीजिए जी। यहां अपने हाथ से अपना

नाम लिख दीजिए।"

संजय ने मेज़ पर से कलम उठाया, चुपचाप उसकी कापी पर अपना नाम लिख दिया। लेकिन उसके मन में आया कि जैसे आज उसने एक विद्रोह की छाती पर चुप के हस्ताक्षर कर दिए हैं।

आगन्तुक चला गया, लेकिन संजय कितनी ही देर चुप बैठा रहा।

एक बार ख्याल आया; मैंने उसका नाम भी नहीं पूछा, न उसका, न उसके गांव का। फिर लगा, जिस गांव से मैंने सोचने की चिनगारी पाई है; वह भी जरूर उसी गांव का होगा, तभी तो इस तरह सोचता है और तड़पता है। और साथ ही मेहतर के लड़के की कही हुई बात याद आई—'आपके गांव से जी, कोई आदमी आया है।' और, संजय को लगा कि उस मेहतर के लड़के ने आज इलहाम जैसी बात कही थी···

मन में एक टीस उतर गई, 'यार संजय! पाठकों की कापियों पर तुम्हारे हस्ताक्षर क्या अर्थ रखते हैं? विद्रोह तो गले में फंसा हुआ है, वहां केवल रोटी के हस्ताक्षर होने चाहिए।'

—**तेरहवां सूरज** उपन्यास से

पंकज

रात को सोने के वक्त तक शायद 'इन्द्रपुरी' लफ्ज़ मेरे भीतर कहीं अटक गया था। सो गया, तो सपने में वही लफ्ज़ मुझे उलाहना देता रहा—क्या एक अंधेरे बन्द कमरे को इन्द्रपुरी कहा जा सकता है?

सपना—एक खण्डहर में शुरू हुआ था, और अब मेरे जागने तक, मुझे याद है, कि वह उसी खण्डहर में खड़ा था···अब शायद खड़ा नहीं रहा होगा, मेरी तरह थककर एक बड़े से पत्थर पर बैठ गया होगा···

मैं भी सपने में बड़ी देर तक एक पत्थर पर बैठा रहा था···

पत्थरों से चिना हुआ एक कमरा-सा भी देखा था। दूर से भी, पास जाकर भी, दीवारों को टटोलकर भी ··

एक जगह—एक दीवार में, कुछ हिस्सा लोहे का लगा था, काले और जंग खाए लोहे का···

जाने वह दीवार की हकीकत थी, कि सपने में धड़कते हुए मेरे अवचेतन की, खयाल आया था कि वह लोहे का हिस्सा, उसका दरवाज़ा है···

मांस के हाथ—उस लोहे के आगे हार गए थे···

साथ ही हाथ कांप गए थे कि अगर उस दरवाज़े ने रास्ता दे दिया, तो भीतर

का अंधेरा मेरे सामने कैसा रहस्य खोलेगा ?

किसी दरो-दीवार ने रास्ता नहीं दिया था—पर मैंने कल्पना की थी कि भीतर पच्चीस बरस पुरानी दो लाशें हैं···

शायद बेकफन···

तो क्या मैं उन लाशों के गले लग पाऊंगा ?

उस वक्त नहीं, अब जागकर, चेतन मन से सोच रहा हूं कि क्या सचमुच एक लाश को देखकर, मेरे होंठों में अटका हुआ एक लफ्ज़ होंठों से बाहर आ सकता है ?

ये होंठ—एक अजनबी चेहरे को देखकर मां कह सकते हैं ?

और उस दूसरी लाश को मैं होशमंदी में बाप कह सकता हूं ?

शायद सपने वाले खण्डहर का प्रभाव था कि मैं अतीत के अंधेरे में दो लाशों की कल्पना करता रहा···

मौत और अंधेरा शायद एक-दूसरे के चिह्न होते हैं···ठण्डे और अजनबी···

पर अब—इस वक्त, चढ़ते सूरज के समय सोच रहा हूं कि अतीत के अंधेरे में किसी के दुःखों की दास्तान भी तो हो सकती है···

सूरज शायद ज़िन्दगी का चिह्न है, ज़िन्दगी की हरकत का, ज़िन्दगी की तपिश का, इसलिए सोच रहा हूं कि शायद वह दोनों ज़िन्दा हों, और उनके दर्द में वे दुःख भी शामिल हों, जो मैंने नहीं भुगते···

मुझे गोद का आश्रय भी मिला, घर की छत का आश्रय भी···

पर वह ?

उनकी गोद जब सूनी हो गई होगी, वह हमेशा के लिए खाली रह गई होगी···

मैं तब मांस का एक टुकड़ा-सा रहा हूंगा, जब उनकी गोद सूनी हुई थी—और आज···

यह मेरा 'आज' एक बलवान चौबीस बरस का जवान 'आज' है।

मन में ललक-सी उठी कि अगर वह सूनी गोद कहीं मुझे दिखाई दे, मैं यह सारा 'आज' उस गोद में डाल दूं···

खयाल अपने सिर से लेकर अपने पैरों तक, फिसलता हुआ अपनी बांहों पर आ गया। लहू की गर्दिश की तरह बांहों में एक गर्दिश फैल गयी कि अगर वह बदनसीब आदमी मुझे कहीं मिल जाए, वह हैरान और मेरा कमज़ोर-सा बाप, तो अपनी ये दोनों बांहें मैं उसकी ताकत बना दूं···

गुस्सा आ रहा है कि आखिर इतनी क्या मज़बूरी थी कि उन दोनों ने मेरी ज़िन्दगी के इतिहास को हमेशा के लिए एक अंधेरा और बन्द कमरा बना दिया···

कोई मजबूरी थी—तो उस दरवाज़े की एक चाबी तो मेरे लिए सुरक्षित रखी जा सकती थी···

साथ ही खयाल आया—जब उन्होंने मुझे किसी और की गोद में डाला था, तब मेरे इतिहास के बन्द कमरे की चाबी भी ज़रूर उसके हवाले कर दी होगी··· और यह मां, वह चाबी पता नहीं कहां रख गई है···

नहीं जानता कि इस मां को कभी सचमुच किसी ने अपने हाथों मुझे सौंपा था, कि मां ने मुझे किसी निर्जन और सूनी जगह से खुद ही उठाकर गोद में लपेट लिया था···सो हो सकता है कि उसके पास भी मेरे इतिहास के बन्द कमरे की कोई चाबी नहीं थी···

कोई चाबी कहीं है या नहीं, मैं यह नहीं जानता। पर जानता हूं कि कुछ है, जो मां भी जानती थी, रक्खी मौसी भी, और निधि महाराज भी···

वह अंधेरा बन्द कमरा, पता नहीं इन्होंने असली चाबी से खोला, कि नकली चाबी से, मैं नहीं जानता, पर इन्होंने खोला ज़रूर था···

इसीलिए सारे हमेशा चुप रहे··

सचमुच मां कितनी भोली थी। उसने सोचा कि मुझे सारी उम्र कभी चाबी की ज़रूरत नहीं पड़ेगी। इसीलिए उसने कभी भी चाबी की बात मेरे कानों में नहीं पड़ने दी।

वह नहीं जानती थी कि ऐसे बन्द कमरों की चुगली देवता नहीं खाते, पर इन्सान ज़रूर खाते हैं···

देवी-देवता तो उसने मेरी मन्नतें मांग-मांगकर मना लिए थे···

और उसने मेरी रूठी हुई तकदीर को भी मना लिया था। मैं जाने कैसा गरीब और बेसहारा था, मां ने यह सारा घर, पैसा मुझे देकर मेरी रूठी हुई किस्मत को मना लिया···

पर समाज?

समाज तो जनक चाचा होता है···

नहीं एक जनक चाचा नहीं, अनेक जनक चाचा···

अचानक बाहर का दरवाज़ा खुलने की आवाज़ आई। साथ ही, मेरे कमरे का भिड़ा हुआ दरवाज़ा भी खुला। देखा—सामने निधि महाराज खड़े हैं, और उनसे दो कदम पीछे रक्खी मौसी है।

आवाज़ रक्खी मौसी की आई—"महाराज कितनी देर से दरवाज़ा खटखटा रहे थे, तू शायद सोया हुआ था। फिर मैंने ही आवाज़ सुनी और इधर आकर अपनी चाबी से दरवाज़ा खोला···"

मैं निधि महाराज को बिठाने के लिए चारपाई से उठ रहा था कि रक्खी

मौसी की बात सुनकर मुंह से निकला, "मैं भी चाबी ढूंढ़ रहा था···"

मैंने दरवाज़े की आवाज़ बिल्कुल नहीं सुनी थी। पता नहीं मन की किस गार में उतरा हुआ था, पर जो चाबी मैं तलाश कर रहा था, उस चाबी की बात, इस चाबी के साथ जोड़कर मैं हंस-सा दिया।

निधि महाराज बैठ गए, तो रक्खी मौसी ने कहा, "पंकज के लिए चाय बनाने जा रही थी, आपके लिए भी अभी लेकर आती हूं।"

निधि महाराज ने उसे बैठने के लिए कहा, "चाय की ज़रूरत नहीं, एक सलाह करनी है···"

"परसों बहन की तेरहवीं है···" मौसी ने मेरी चारपाई की पट्टी पर बैठते हुए कहा।

"इसीलिए—" निधि महाराज ने कहा, और जैसे मुझसे नहीं, रक्खी मौसी से ही कहने लगे, "बाद में अस्थियां प्रवाहित करने के लिए हरिद्वार भी जाना है। पंकज की पढ़ाई में हर्ज न हो, इसलिए यदि अभी वहां जाकर क्रिया की रस्म भी गंगा के किनारे कर ली जाए, और साथ ही साथ अस्थियां प्रवाहित करने की भी, तो ठीक रहेगा।"

रक्खी मौसी कुछ चुप-सी हो गई। फिर कहने लगी, "जैसी आपकी आज्ञा ! पर···"

'पर' का अर्थ मैं नहीं समझा, लेकिन निधि महाराज समझ गए। कहने लगे, "ठीक है, जिस स्थान पर मृत्यु हो, उस स्थान पर पूजा-पाठ होना चाहिए। वह सबकुछ यहां भी होगा···"

रक्खी मौसी और भी हैरान होकर पूछने लगी, "यहां कैसे ? पंकज की गैर-हाज़िरी में ? वैसे भी मैं उसके साथ हरिद्वार चली गई, तो पीछे यहां···" मौसी की आवाज़ कुछ घबरा गई।

निधि महाराज उसी शान्त आवाज़ में बोले, "यहां सब पूजा-पाठ उसकी बहन के हाथों होगा···मैं पंकज के साथ जाऊंगा।"

रक्खी मौसी भी तुरन्त बोल उठी, "मेरे हाथों ? पर मैं तो हरिद्वार जाऊंगी, आपके साथ···मैं बहन की अस्थियां प्रवाहित करने नहीं जाऊंगी ?"

"यहां रहना भी बहुत ज़रूरी है···" निधि महाराज ने सिर्फ इतना कहा, और एक बार मेरी ओर देख कर, चुप हो गए।

इस वक्त रक्खी मौसी तो नहीं, मैं अवश्य कुछ समझा। लगा कि क्रिया वाले दिन पास-पड़ौस के मर्द-औरतें सभी को आना था। हो सकता है कि उस दिन जनक चाचा को लोगों के सामने कोई ऐसी बात कहनी हो जिसकी भनक निधि महाराज के कानों में पड़ गई हो, और वह मुझे उस हालत से बचाना चाहते हों।

इतना ज़ाहिर था कि आज सुबह-सुबह उन्हें मेरी पढ़ाई के हर्ज़ का अचानक

ध्यान नहीं आया था। यूं भी इस तरह दो-तीन दिन का ही फर्क पड़ता, ज्यादा नहीं।

पर मेरा कुछ कहना मुनासिब नहीं था, इसलिए मैं चुप रहा।

रक्खी मौसी ने ही कहा, "क्यों पंकू ! तू क्या सोचता है ? मैं तो कहती हूं—क्रिया यहीं करके जाना ! दो दिन ही तो रह गए हैं···"

निधि महाराज ने कहा कुछ नहीं, सिर्फ एक बार मेरी ओर देखा।

लगा—इस वक्त उन्हें मेरे हुंकारे की ज़रूरत है।

उन्हें नहीं, उनकी कही बात को।

इसलिए मैं रक्खी मौसी के पास सरक आया। बोला, "मौसी, जैसा तुम कहती हो वह भी ठीक है, पर यहां अब मेरा मन नहीं लगता। अगर आज ही हरिद्वार चले जायें, तो मैं वहीं से सीधा हॉस्टल चला जाऊंगा। वहां मेरा ध्यान पढ़ाई की तरफ हो जाएगा···"

मौसी चुप हो गई, पर कुछ निराश-सी। उसने सिर्फ इतना कहा, "पर यहां पूजा में बेटा नहीं बैठेगा तो लोग क्या कहेंगे···"

इस वक्त निधि महाराज ने बात को बड़े ढंग से खोला, "यहां जो पूजा होगी, यदि पंकज यहां नहीं होगा, तो सिर्फ पड़ौस की कुछ औरतें आयेंगी, मर्द नहीं आयेंगे। इसलिए कोई बात नहीं उठायेगा। पूजा-पाठ असल में जाने वाले के लिए होती है, उसका सम्बन्ध समाज से नहीं होता।"

रक्खी मौसी ने कुछ भेद-सा पा लिया। इसलिए नज़र भरकर निधि महाराज की ओर देखने लगी। अब उसकी निराशा भी इस तरह नहीं रही।

और उसने हामी-सी भरी, "अच्छा, जैसा आप ठीक समझें।"

"पीछे पूजा-पाठ का प्रवन्ध मन्दिर की ओर से हो जाएगा।" यह कह निधि महाराज जाने के लिए उठ गए। जाते हुए मुझसे सिर्फ इतना ही कहा, "गाड़ी दोपहर दो बजे जाती है, ठीक एक बजे तैयार होकर मन्दिर में आ जाना।"

निधि महाराज चले गए हैं। रक्खी मौसी भी मेरे लिए चाय बनाने चली गई है। और मैं—अपनी बिखरी हुई चीज़ों को समेटने के लिए जब उठा हूं तो लग रहा है, आज दो बजे मैं निधि महाराज के साथ जैसे मुक्त बहती हुई गंगा वाले हरिद्वार नहीं, किसी अंधेरे और बन्द कमरे को खोजने जा रहा हूं···

गाड़ी का सफर वैसा ही है, जैसा हर वार छुटिटयों में यूनिवर्सिटी से घर जाते हुए होता था, और छुट्टियां खत्म होने के बाद घर से यूनिवर्सिटी जाते हुए। पर वही स्टेशन, वही प्लेटफार्म, वही भीड़, और वैसी ही गाड़ी, आज वैसी नहीं।

सीट के साथ वाली खूंटी पर आज लाल कपड़े में बंधी हुई, मां की अस्थियों की पोटली है, जिसने इस गाड़ी के बड़े वाकिफ सफर को, एक नावाकिफ यात्रा

बना दिया है···

दाईं ओर निधि महाराज बैठे हैं। नावाकिफ यात्रा को कुछ वाकिफ बनाने के लिए, धीरे-से कहता हूं—आप तो कई बार हरिद्वार गए होंगे, पर मैं कभी नहीं गया। अजीब लग रहा है···

उन्होंने कहा कुछ नहीं, सिर्फ मुस्करा दिए हैं···

गाड़ी के इस छोटे से कूपे में ज्यादा लोग नहीं, सिर्फ छह-सात सवारियां हैं। कभी-कभी आपस में बातें भी कर लेते हैं वे, पर शायद निधि महाराज को लग रहा है कि इस वक्त कुछ बोलना, गाड़ी की बंधी हुई लय में मानो खलल देना होगा। इसलिए उन्होंने कहा कुछ नहीं, मेरी बात पर सिर्फ मुस्करा दिए हैं।

मैंने अपना ध्यान हरिद्वार से फिर अपनी ओर मोड़ लिया है।

···पर खूंटी से टंगी पोटली में बंधी हुई, मां की अस्थियां अभी गंगा की अमानत नहीं बनीं, अभी वे मेरी यात्रा का हिस्सा हैं। इसलिए ध्यान फिर उधर चला गया है···

याद आ रहा है एक बार मेरे दूध के दांत को मां ने रुई में लपेट कर मुझसे कहा था कि मैं छत पर जाकर वह छोटी-सी पुड़िया सूरज की ओर फेंक दूं, और कहूं—सूरज, सूरज ! पुराना दांत ले जा ! नया दांत दे जा !

दांत भी तो एक हड्डी ही है। और यदि सूरज पुरानी हड्डियां लेकर नई हड्डियां देता है—तो मैं मां की ये हड्डियां सूरज को देकर क्यों नहीं कह सकता—सूरज, सूरज ! यह पुरानी हड्डियां ले जा ! नई हड्डियां दे जा !

पल भर के लिए जैसे आश्चर्य मिश्रित विश्वास जगा—कि मां नया शरीर, धारण करके फिर इसी जन्म में, इसी दुनिया में मिलेगी। वह सूरज से नया शरीर नई हड्डियां लेने गई है।

यह मां कौन थी ? जानता हूं—मां नहीं थी, पर उसको गंवा कर भी मैं फिर उसी को पाना चाहता हूं।

लगा—जिस तरह खून का रिश्ता होता है, उसी तरह हड्डियों का भी रिश्ता होता है···

कुछ हड्डियां हैं, पता नहीं किसकी, जो लाल कपड़े में बंधी हुई, मेरे पास, सामने एक पोटली में हैं। और कुछ हड्डियां हैं, जो मेरे शरीर के मांस में लिपटी हुई हैं···फर्क सिर्फ कपड़े का और मांस का है, हड्डियों का फर्क नहीं··और फर्क सिर्फ संस्कारों का है, रिश्ते का नहीं··ये दो तरह की हड्डियां जरूर आपस में कुछ लगती हैं··

कई लोगों के मुंह से कही-सुनी बात याद आई—'तुम्हारी मां ने तुम्हें हड्डियां गला कर पाला था'—और जब कोई किसी की नर्म हड्डियों को पालने के लिए अपनी हड्डियां गलाता है, वह हड्डियों का रिश्ता ही तो होता है···

मन में आया—खून के रिश्ते की जगह मैंने अभी जो हड्डियों का रिश्ता तलाश किया है, उसकी बात निधि महाराज से करूं। पर देखा—उनकी आंखें मुंदी हुई हैं किसी समाधि की अवस्था की तरह।

कहीं पढ़ा-सुना याद आया कि समाधि की अवस्था में व्यक्ति चाहे तो अपना पिछला जन्म भी देख सकता है···

जानता हूं—यह सच मेरी समझ की पकड़ में नहीं आ सकता। पर समझ की सीमा से जो कुछ परे है, उस पर अविश्वास का हक भी तो नहीं है। इसलिए चुपचाप एवं आदर से मैं निधि महाराज के शान्त और समाधि में लीन चेहरे की ओर ताकने लगा···

किसी की आंखें शायद किसी के ध्यान में बाधा डालती हैं। निधि महाराज ने अचानक आंखें खोलकर मेरी तरफ देखा, और हंस-से दिए, "क्या सोच रहे हो पंकज!"

स्वाभाविक ही होंठों पर वही सवाल आ गया, जो इस वक्त मन में था। पूछा, "क्या साधना से और समाधि से पिछला जन्म देखा जा सकता है?"

वह कुछ देर सामने शून्य में देखते रहे, फिर कहने लगे, "पिछले या अगले जन्म की बात तो बहुत बाद की है। अभी तो व्यक्ति की इतनी साधना भी नहीं कि वह अपने इसी जन्म के पूरे दर्शन कर सके।"

बात सहज गति से उधर मुड़ गई, जिधर मोड़ने की मेरी हिम्मत नहीं हो रही थी। इसलिए कहा, "मैं अपने इस जन्म के पूरे दर्शन करना चाहता हूं। जनक चाचा मुझे वही दर्शन करवाना चाहता है···"

"वह कुछ नहीं जानता···"

"पर दत्तक पुत्र वाली बात उसी ने कही थी। इसलिए वह जानता है···"

"वह अधूरा सच है, इसलिए गलत है।"

"मां जानती थी?"

"हां!"

"रक्खी मौसी जानती है?"

"हां।"

"जिसे मां जानती थी, रक्खी मौसी जानती है, वह मैं क्यों नहीं जान सकता?"

निधि महाराज ने स्नेह से मेरी ओर देखा। फिर कहने लगे, "तुम्हारी मां की साधना बहुत बड़ी थी। रक्खी भी एक देवी है।"

मेरी आंखें मेरे सामने ही झुक गईं।

निधि महाराज ने एक बार खूंटी से टंगी हुई, मां की अस्थियों वाली लाल पोटली की ओर देखा, और फिर एक बार मेरी ओर। कहने लगे, "सच के दर्शन

मन की ताकत से करने होते हैं। तुम सोचते होगे कि मां ने तुम्हें क्यों नहीं कुछ बताया···तुम्हारी रक्खी मौसी भी तुम्हें क्यों नहीं कुछ बताती···"

मैंने ही कहा, "शायद इसलिए कि मैं ··" आगे कुछ नहीं कहा गया। लगा—इतने बरस पार करके भी शायद मेरे मन की ताकत छोटी है··

कुछ देर बाद सिर्फ इतना कह सका, "कभी जान सकूंगा ?"

"हां ! जब चाहो—" निधि महाराज शायद यह वचन देकर अपनी दुविधा से मुक्त हो गए थे, पर मैं अपने आपको पहली बार एक अजीब दुविधा में पड़ा देख रहा हूं, जहां मेरा एक पैर मन की हिम्मत पर रखा हुआ है, और एक घबराहट की कांपती हुई ज़मीन पर···

गाड़ी की खिड़की से सामने प्रत्यक्ष दिख रहा था कि गाड़ी की रफ्तार एक लम्बे रास्ते को बहुत जल्दी-जल्दी पीछे की तरफ धकेल रही है। शायद वक्त की रफ्तार के साथ उसकी कोई साज़िश है, वह बहुत जल्दी-जल्दी मुझे कहीं आगे की ओर धकेल रही है···

आगे कहां ? नहीं जानता···

अचानक कुछ इंजन के कोयले की तरह आंखों में पड़ गया—कि इस गाड़ी की वक्त की रफ्तार मुझे अभी, बहुत जल्दी, एक त्रिक स्थान में फेंक देगी···

कृष्णन शास्त्री की कही हुई बात याद आयी—'तुम्हारे पिता भाव का स्वामी त्रिक-भवन में पड़ा है···'

मेरे पूछने पर उन्होंने कहा था, "खष्टम, अष्टम और द्वादशेश यह तीनों नेष्ट स्थान होते हैं—शत्रु और मृत्यु के स्थान···"

उस दिन भी लगा था, और अब भी लगा कि इस विद्या के ज्ञाताओं ने जिन स्थानों को नेष्ट बताया है, उन्हीं स्थानों को भवन कहकर, मेरे जैसे बेचारे लोगों की कैसी हंसी उड़ाई है !

आज—पता नहीं, मैं शत्रु-भवन में जा रहा हूं कि मृत्यु-भवन में !

निधि महाराज सबकुछ बता देंगे, जिस वक्त मुझमें सुनने की हिम्मत होगी। और अगर मैंने सुना कि मुझे जन्म देने वाले मेरे मां-बाप ज़िन्दा नहीं हैं तो मैं हमेशा के लिए एक मृत्यु-भवन में पड़ जाऊंगा। और अगर सुना कि वह ज़िन्दा हैं तो एक अजीब तरह के शत्रु-भवन में उम्र भर बैठा रहूंगा···

दोनों तरह के भवनों से घबराकर मैंने निधि महाराज की ओर देखा, तो वह पूछने लगे, "क्या सोच रहे हो पंकज ?"

पूछना चाहता था कि अपनी ज़िन्दगी का दर्शन करने के लिए मुझे शत्रु-भवन में जाना पड़ेगा कि मृत्यु-भवन में ? पर दोनों पैरों के तले हिम्मत की ज़मीन नहीं थी। मैंने घबराहट की कांपती हुई ज़मीन पर से एक पैर उठाते हुए और फिर वहीं रखते हुए, सिर्फ इतना पूछा, "क्या हरेक की जन्म-कुण्डली में त्रिक-भवन होते हैं ?"

निधि महाराज सिर्फ मुस्कराए नहीं, हंस भी दिए। पूछने लगे, "यह त्रिक भवन किससे सुन लिए ? शास्त्री जी से ?"

मैंने सिर हिलाकर हामी भरी। पता था कि उन्होंने शास्त्री जी से कहा था : 'पंकज को इस चक्कर में मत डालो !' पर वह जानते थे कि मैंने शास्त्री जी से कुछ पूछना-जानना चाहा था।

कहने लगे, "फिर शास्त्री जी ने बताया नहीं था कि वह क्या होते हैं ?"

मैंने कहा, "बताया था कि वे शत्रु-स्थान और मृत्यु-स्थान होते हैं, पर मैंने यह नहीं पूछा कि वे हरेक की कुण्डली में होते हैं कि नहीं ?"

निधि महाराज के मुंह से पहला लफ्ज़ निकला—पगला !

फिर वह समझाने लगे, "ये त्रिक स्थान हर कुण्डली का हिस्सा होते हैं। ये अगर न होते तो किसी कुण्डली का कोई अर्थ न होता !"

मुझे अजीब-सी हंसी आ गई। पूछा, "क्या लोगों की मौत और दुश्मनी ही ज़िन्दगी में अर्थ भरती है ?"

वे हमेशा गम्भीर रहते हैं, पर इस वक्त और गम्भीर हो गए, और कहने लगे, "शब्द हमेशा छोटे हैं, पर उनके अर्थ बहुत बड़े होते हैं। अर्थों को जानने के लिए जिन्दगी का ज्ञान चाहिए। देखो ! कुण्डली का अर्थ है—समय की नियत की हुई गति को बारह हिस्सों में बांटना। यह वैज्ञानिक तथ्य है। इसीलिए तो हर कुण्डली में बारह घर होते हैं, समय के बारह हिस्से।"

जल्दी से पूछा, "पर बारह घरों में तीन घर त्रिक स्थान क्यों होते हैं ?"

वे सहज आवाज़ में बोले, "अगर तुम्हें पढ़ाई में इतने बरस न लगाने पड़ें, कोई यूनिवर्सिटी तुम्हें यूं ही एक डिग्री थमा दे, तुम्हें कैसा लगेगा ?"

इस सवाल का मेरे सवाल के साथ क्या सम्बन्ध है मैं नहीं समझा। इसलिए कहा, "पर पढ़ाई से इल्म का सम्बन्ध है, इल्म का सम्बन्ध सिर्फ डिग्री से नहीं हो सकता।"

कहने लगे, "उसी तरह ज्ञान का सम्बन्ध अनुभव के साथ है। ज्ञान का सम्बन्ध सिर्फ ज़िन्दगी के साथ नहीं होता। ज़िन्दगी तो उसी समय मिल जाती है, जब एक शिशु जन्म लेता है। पर ज्ञान अनुभव से मिलता है। यह त्रिक स्थान अनुभव के स्थान होते हैं ··

मेरे चेहरे पर शायद एक खालीपन था। वे कहने लगे, "पहला घर जन्म का होता है, नख-शिख, रूप-रंग और सूरत-सीरत का। यह मनुष्य का छोटा-सा मैं होता है। सिर्फ यह कि मैं हूं। दूसरा घर उसके पलने से सम्बन्धित होता है, दूध की कटोरी के साथ और रोटी के टुकड़े के साथ। उस वक्त उसकी यही दो ज़रूरतें होती हैं। फिर वह कुछ बड़ा हो जाता है, खेलने लगता है, तो तीसरा घर बहन-भाइयों का होता है, छोटे-छोटे मित्रों का। चौथा घर मां का होता है। रक्षा का,

इसलिए उसे सुख-स्थान कहते हैं। पांचवां विद्या का भी होता है, प्रेम का भी। ये दोनों चीज़ें उसके बड़े खेलों जैसी होती हैं…"

"और छठा ? जिसे त्रिक स्थान कहते हैं ?"

"यह उस बालक के और बड़े हो जाने का चिह्न है। अभी तक उसे जन्म से लेकर पलने और पढ़ने का सुख दूसरों से मिलता आया था। अब उसका वास्ता दूसरों से पड़ेगा, गैरों से, दुनिया से। अभी तक वह एक था, अकेला था। अब दूसरों को उसमें जमा होना है। इस जमा में हर तरह के लोग होंगे। उसका वास्ता अच्छे लोगों से भी पड़ेगा, बुरे लोगों से भी। उनमें से कई उसके मित्र बनेंगे, कई शत्रु। यही संघर्ष उसे एक कमज़ोर बालक से एक ताकतवर मर्द बनाता है। एक अनजान इन्सान से एक समझदार इन्सान। यही अनुभव है, जिसमें से उसे गुजरना है… उसे रोटी कमाना सीखना है, इसलिए सीखते समय वह कई बार धन गंवाएगा। कई बार कर्ज़दार भी होगा। इसलिए इस स्थान को सिर्फ शत्रु का नहीं, कर्ज़ का स्थान भी कहते हैं। सो यही स्थान इन्सान के संघर्ष का स्थान होता है। यत्न का, जिसमें से गुज़रे बगैर वह शक्तिशाली इन्सान नहीं बन सकता। संघर्षहीन आदमी का ज़िन्दगी के साथ कोई वास्ता नहीं होता। इसीलिए मैंने कहा था कि अगर ये स्थान कुण्डली में न होते, तो कुण्डली का कोई अर्थ न होता… मैं इस स्थान को कर्म-योग का स्थान मानता हूं।"

बहुत कुछ समझा। इसलिए कहा, "फिर तो अस्सी बरस का आदमी भी कमज़ोर और बेचारा सा बालबुद्धि आदमी रह जाता…"

वे बताने लगे, "सो इस तरह संघर्षशील अवस्था के बाद सातवीं अवस्था आती है—एक पूर्ण हो चुके मर्द के लिए पूर्ण हो चुकी औरत से मिलने की। घर-बार बसाने की। मिलकर जीने की और संसार चलाने की। इसीलिए सातवें घर को विवाह-स्थान कहते हैं।"

मैंने कहा, "पर फिर आठवां स्थान त्रिक स्थान क्यों हो जाता है ?"

निधि महाराज हंस दिए। कहने लगे, "त्रिक स्थानों से डरने की ज़रूरत नहीं। निजी सुखों की तृप्ति के बाद इन्सान ज़िन्दगी के अर्थ खोजना चाहता है। आठवां स्थान खोज का होता है, ज़मीनदोज़ वस्तुओं का। उन धातुओं और अर्थों को खोजने का, जो बाहर से कहीं नहीं दिखते। मौत भी दिखती नहीं, इसलिए वह भी ज़मीनदोज़ वस्तुओं जैसी होती है—रहस्यमय अर्थों वाली। इसीलिए साधारण लोग मौत से भी घबराते हैं, खोज से भी… यह अवचेतन की शक्तियों का स्थान होता है, इसलिए मैं इसे ज्ञान-योग का स्थान मानता हूं।"

मैंने मन्त्र-शक्ति कभी देखी नहीं थी, सिर्फ उसकी बात सुनी थी। इस घड़ी लगा—निधि महाराज के मुंह से निकला हर लफ्ज़ मुझे एक मन्त्र की तरह बांध रहा है। इतना—कि अभी कुछ देर पहले मैं किसी त्रिक स्थान में पड़ने से घबरा

रहा था, अब एक बेसब्री से उसका इन्तज़ार कर रहा हूं···

ज़िन्दगी में पहली बार किसी भी तरह के भय से मुक्त होने का एहसास हुआ है···

आगे कुछ भी पूछने की ज़रूरत महसूस नहीं हो रही···

वैसे सुन रहा हूं, निधि महाराज कह रहे हैं—फिर नौवीं अवस्था आ जाती है, जब आत्मा का धर्म जागता है। इसीलिए नौवें स्थान को धर्म-स्थान कहते हैं। दसवां कर्म का स्थान होता है, ग्यारहवां लाभ का, और आखिरी बारहवां मोक्ष का। इस तन-मन और धन के खर्च हो जाने का स्थान होता है। पर यही तो मुक्ति का स्थान है···एक बूंद के अपार सागर में लीन हो जाने का स्थान। इसलिए मैं इसे भक्ति-योग का स्थान मानता हूं।"

शायद कोई स्टेशन बहुत नज़दीक आ गया है, गाड़ी की रफ्तार बहुत धीमी हो गई है। हमारे डिब्बे में से भी दो सवारियां उठकर अपने उतारे हुए कोट पहन रही हैं, शायद उन्हें उस स्टेशन पर उतरना है।

अभी बेशुमार आवाज़ों से इस डिब्बे का दरवाज़ा भी भर जाएगा, खिड़कियां भी। पर लग रहा है—मैं उस बेपनाह शोर में भी इसी तरह स्थिर रह पाऊंगा।

शायद ज़िन्दगी के आने वाले हर शोर में भी स्थिर।

और शायद अपने खयालों में से उठने वाले शोर में भी···

और लग रहा है—जिन शास्त्रियों ने एक ही स्थान को एक ही सांस में नेष्ट भी कहा है और भवन भी, उन्होंने बहुत ठीक कहा है। संघर्ष के अर्थ सचमुच नेष्ट से लेकर भवन तक फैले हुए होते हैं—

कर्म-योग, ज्ञान-योग, और भक्ति-योग के भवन···

—कोरे कागज़ उपन्यास से

अल्ला रक्खो

दुनिया के कई देशों के आंगन जैसे हरकृष्ण के पैरों के आगे बिछ गए···

इसी खुमारी में वह कमरे में लौटकर न जाने किस समय अपने बिछौने की गर्माइश में अलसा गया···

और न जाने किस समय उसके बिछौने की गर्माइश उसकी बांहों में गुच्छा-सा होकर उसके साथ सो गई···

लेकिन वह सोई हुई गर्माइश नहीं थी, बहुत जागती हुई गर्माइश थी, जो कभी जर्मनी वाली लड़की की तरह उसकी छाती पर बांह रख रही थी, कभी लंदन

वाली लड़की की तरह, कभी फ्रांस वाली···

और कभी···

उसे अपने सारे बदन में एक सुख का अनुभव होता रहा, और उसके होंठ बहुत अलसाए हुए, कभी किसी नरम से मांस की गर्दन को छूते रहे, कभी किसी कंधे को, कभी किसी बांह को···

उसने अलग-अलग देशों और अलग-अलग नस्लों की लड़कियों के नाम याद करने की कोशिश की, लेकिन उसे सारे नाम भूल गए थे···

शायद उन लड़कियों ने एक-एक करके अपने बदन के कपड़े उतारते हुए अपने नाम भी अपने बदन से उतारकर कहीं परे रख दिए थे···

अचानक एक नाम उसकी स्मृति में जैसे चमकने लगा।

अल्ला रक्खी···

अल्ला रक्खी के बदन को कभी उसने एक जवान मर्द की तरह नहीं छुआ था, सिर्फ एक अनजान बालक के समान स्पर्श किया था, लेकिन उसके बदन की महक अभी भी एक धरोहर की तरह उसकी सांसों में बैठी हुई थी।

मां के दूध की महक की तरह···

मन्दिर की धूप की महक की तरह

और उसके बिछौने में से अचानक सारे देशों की जवान और हसीन लड़कियां लोप हो गईं और वह अल्ला रक्खी की जान से भरकर उसकी छाती की ममता से पुलकित हो गया···

आज से लगभग साठ बरस पहले की एक घड़ी ने जैसे दूसरा जन्म धारण कर लिया···

वह बस कोई तीन बरस का रहा होगा, जब उसकी अल्ला रक्खी कहीं खो गई थी···

उसके लुधियाने वाले घर के सामने वाला घर गुल्लू चाचा का था, और उसके साथ लगा हुआ घर डुड्डू दर्जी का था। अल्ला रक्खी उसी डुड्डू की बेटी थी, और कोई पन्द्रह बरस की उस अल्ला रक्खी के पास गजलें और नातें गाने की जैसे खुदा-दाद बख्शीश थी···

एक बरस के बालक कृष्ण को वह गले से लगाकर जब किसी नात के बोल उठाती थी, गली के लोग कहते थे कि तब उड़ते हुए पंछी रुक जाते थे···

फिर हरकृष्ण जब कोई तीन बरस का हुआ, और रक्खी कोई सत्रह बरस की, तो एक दिन के चढ़ते सूरज ने अपना मुंह काले बादलों के पीछे छिपा लिया। रक्खी के घर वाले और अड़ोसी-पड़ोसी, शहर का चप्पा-चप्पा ढूंढ़ रहे थे, लेकिन रक्खी

कहीं मिल नहीं रही थी···

कृष्ण के लिए सूरज जैसे रोज़ सवेरे चढ़ते ही डूब जाता था···

और फिर कोई बीस दिन बाद, उसके लिए ऐसा सूरज उदय हुआ जैसा कभी नहीं हुआ था···

रक्खी अपने घर के दरवाज़े के आगे खड़ी हुई थी···

उसके पिता के हाथ में लम्बी सोटी थी, और उसके गिर्द कितने ही लोग इकट्ठे हो गए थे, लेकिन कृष्ण ने लोगों की टांगों के बीच में से रास्ता बनाया था, और जार-जार रो रही रक्खी के गले से चिमट गया था···

उसके पिता के हाथ से उसी समय उसकी सोटी छूट गई थी और इर्द-गिर्द खड़े हुए लोग गाली-गलौज करते हुए ऐसे चुप सो गए थे, जैसे उनके जबड़ों को ऐंठन पड़ गई हो···

मेरा कृष्ण···मेरा कृष्ण···कहते-कहते रक्खी ने उसे अपने सिर के पल्ले में छिपा लिया था···

हरकृष्ण को यह बहुत अर्से बाद पता लगा कि अल्ला रक्खी पुलिस के एक इन्स्पेक्टर के साथ कहीं चली गई थी, जहां से उसके मां-बाप पकड़कर ले आए थे···

और फिर शायद उसकी जात वालों के सारे दरवाज़े उसके लिए बन्द हो गए थे, वह शहर के एक बाहरी मोहल्ले में एक चौबारा लेकर अकेली रहने लगी थी···

कभी-कभी वह बुरका पहनकर अपनी गली में आ जाया करती थी···

एक बार कृष्ण को उठाकर वह अपने साथ ताज़िए दिखाने भी ले गई थी···

उसे अभी तक याद है कि बहुत सारी भीड़ को चीरकर रक्खी उसे उठाकर, ताज़िए के नीचे से निकालकर हसन के सफेद घोड़े दुलदुल तक भी जा पहुंची थी, और उसने कृष्ण का हाथ घोड़े से छुआया था। कहा था कि हसन के इस पाक घोड़े को हाथ लगाएं तो खुदा करम करता है···

शहर में रक्खी के गाने की धूम मच गई थी···लेकिन अब वह बुरका पहनकर अपनी पुरानी गली में कभी छठे-छमाही आ जाती थी, अपनी गली के लिए वह एक अजनबी हो गई थी···

हरकृष्ण बड़ा होता गया, और रक्खी शहर की दंतकथा बनती गई···

फिर पता लगा कि शहर का एक आदमी जो बड़े खाते-पीते घर का था, रक्खी के पीछे बर्बाद हो गया था, और अब उसी के चौबारे में रहता था, उसका हुक्का भरता था···

बाज़ार की अधिकतर खरीदारी किया करता था, इसलिए हरकृष्ण ने उससे दुआ-सलाम का रिश्ता गांठकर, एक दिन उसे अपने साथ रक्खी के पास ले जाने

के लिए मना लिया था···

और उस आदमी ने भी शायद रक्खी के मुंह से उस बालक कृष्ण की बातें सुनी थीं, वह बड़े चाव से कृष्ण को रक्खी के चौबारे पर ले गया था···

चौबारों की महफिल क्या होती है, कृष्ण ने उस दिन पहली बार देखा। लेकिन सिर्फ एक नज़र कि सफेद-सी चादर पर मखमल के गोलमोल तकियों का सहारा लगाकर बहुत ही शोहदे-से दिखने वाले कुछ लोग बैठे थे, और सितारों से चमकते हुए कपड़े पहनकर रक्खी उनके सामने गा रही थी ··

लेकिन हरकृष्ण के पैरों ने दहलीज़ पार की ही थी कि रक्खी की आवाज़ उसके होंठों के भीतर ही बन्द हो गई ··

वह जल्दी से उठकर दरवाज़े के पास आई जहां हरकृष्ण खड़ा था, और उसका हाथ पकड़कर उसे उल्टे पैरों सीढ़ियों में ले गई ··

वहां सीढ़ी में उसने कसकर हरकृष्ण को गले से लगाया और कहा, 'तुम फिर कभी मत आना यहां, तुम्हें मेरी कसम···'

और हरकृष्ण सारी ज़िन्दगी किसी भी चौबारे पर कभी नहीं जा सका···

शरीर की किसी ज़रूरत के समय जब कभी उसे किसी भी चौबारे का खयाल आया, लगा—वह रक्खी का चौबारा है···

शरीर की ज़रूरतों को नकारा नहीं जा सकता था, हरकृष्ण ने कई देशों की लड़कियों से यह ज़रूरत पूरी की थी, लेकिन अपने देश की किसी लड़की के चौबारे पर वह नहीं जा सका था···

इस समय रात का जाने कौन-सा पहर था—उसे अपने कमरे के एक कोने में, अपने बिछौने की चादर को अपने गिर्द लपेटे हुए पहली बार यह खयाल आया कि आखिर बाहर के देशों की लड़कियां भी तो किसी की अल्ला रक्खियां होती थीं, लेकिन उनके किसी कमरे में पैर रखते हुए उसे रक्खी की सीढ़ियों वाला अहसास क्यों नहीं हुआ था···और अपने देश के हर चौबारे की सीढ़ियां उसे रक्खी के चौबारे की सीढ़ियां क्यों लगती हैं ?

फिर स्वयं ही हरकृष्ण को खयाल आया—शायद यह रक्खी की आवाज़ का जादू है, गज़लों और नातों के बोलों का जादू, जो अपने देश के हर चौबारे की सीढ़ियों से जुड़ी हुई हैं···

और उसे एक इत्मीनान हुआ कि रक्खी के बदन की महक अभी भी उसकी सांसों में उसी तरह पवित्र है—मां के दूध की तरह, मंदिर की धूप की महक की तरह···

—**ना राधा ना रुक्मणी** उपन्यास से

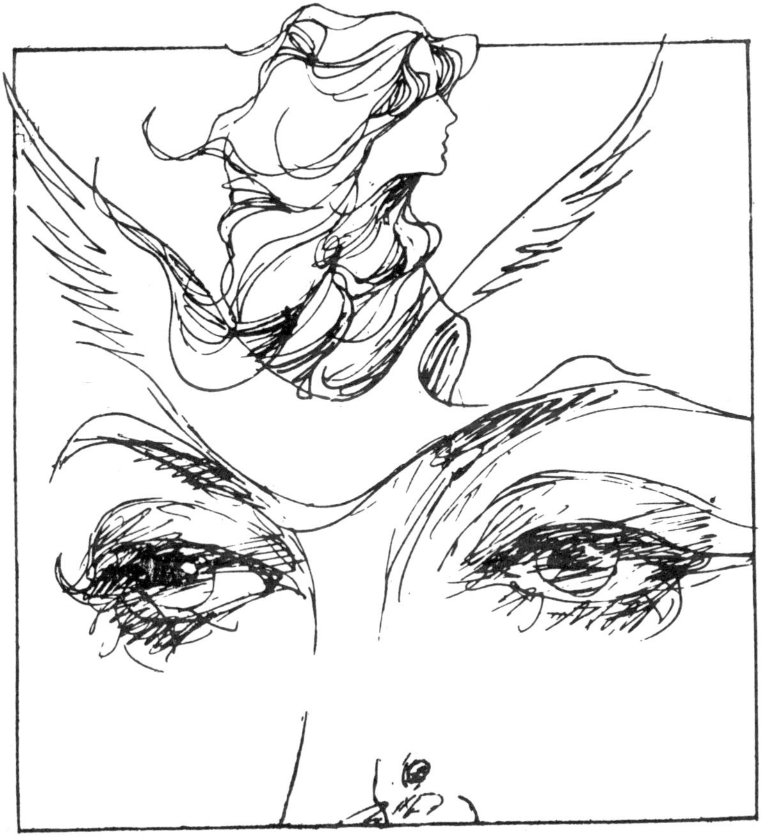

कहानी

कहानी-दर-कहानी

1987 में जब मेरी एक कहानी 'शाह की कंजरी' टेलीविज़न पर 'कशमकश' सीरिज़ में टेलीकास्ट हुई, तो वह कहानी बहुत चर्चित हुई थी। बहुत अच्छी पेशकश थी कहानी के तीनों किरदार बहुत अच्छे पेश हो पाए थे, लेकिन देखा—उसकी जो चर्चा हो रही थी, वह कहानी की गहराई तक नहीं उतर पा रही थी।

वह कहानी कैसे लिखी गई, उसी को लेकर अकादेमी के त्रैमासिक में मैंने एक ब्यौरा दिया था— जिसे कह सकती हूं कि वो कहानी-दर-कहानी है।

वो कहानी—मैंने अपनी आंखों के सामने घटित हुई देखी थी, 1945 में, जब लाहौर में एक शादी वाले घर से निमन्त्रण आया था, और मैं उस दिन वहां शामिल थी, जब घर में शादी-ब्याह के गीतों वाला दिन बिठाया जाता है।

उस दिन घर की मालकिन भी उस समागम में थी, और लाहौर की वो मशहूर नाज़नीना भी, जिसे मल्लिका-ए—तरन्नुम कहा जाता था। और सब जानते थे कि वह घर के मालिक की रखैल थी।

उस नाज़नीना के पास सबकुछ था, हुस्न भी, नाज़-नखरा भी, बेहद खूबसूरत आवाज़ भी, लेकिन समाज का दिया हुआ वह आदरणीय स्थान नहीं था, जो एक पत्नी के पास होता है। और जो पत्नी थी, उसके पास न जवानी थी, न कोई हुनर, लेकिन उसके पास पत्नी होने का आदरणीय स्थान था। पत्नी होने का भी और मां होने का भी।

दोनों औरतों के पास अपनी-अपनी जगह थी, और अपना-अपना दर्द। लेकिन एक का दर्द—दूसरी के दर्द से टूटा हुआ था। दर्द का एक टुकड़ा दर्द के दूसरे टुकड़े को समझने में असमर्थ था!

दोनों के पास अपना-अपना बल था, पर अपनी-अपनी अपाहिज अवस्था का।

दोनों के पास एक-एक सहारा था, जो कभी उनकी नज़र में बहुत कीमती हो उठता था, और कभी बिलकुल नाचीज़-सा।

हार का अहसास दोनों को था। लेकिन कभी एक का सहारा उसे जीत की गलतफहमी-सी दे जाता और कभी दूसरी का सहारा उसे जीत की खुशफहमी में डाल देता।

यह एक भयानक टकराव था—अपनी-अपनी हार का, जो अपने-अपने दर्द का इजहार चाहता था। लेकिन समाज से नहीं, सिर्फ किसी उससे, जो दोनों के दर्द को अपने गले से लगा सके।

और यह हकीकत है कि पूरे पच्चीस साल दोनों का दर्द, मेरे दिल के एक कोने में बैठा रहा। और पच्चीस साल के बाद 1970 में मैं यह कहानी लिख पाई थी—शाह की कंजरी।

शाह की कंजरी

उसे अब नीलम कोई नहीं कहता था, सब शाह की कंजरी कहते थे।

नीलम को लाहौर हीरामण्डी के एक चौबारे में जवानी चढ़ी थी। और वहां ही एक रियासती सरदार के हाथों पूरे पांच हजार में उसकी नथ उतरी थी। और वहां ही उसके हुस्न ने आग जलाकर सारा शहर झुलस दिया था। पर फिर एक दिन वह हीरामण्डी का सस्ता चौबारा छोड़कर शहर के सबसे बड़े होटल फ्लैटी में आ गई थी।

वही शहर था, पर सारा शहर जैसे रातोंरात उसका नाम भूल गया हो, सबके मुंह से सुनाई देता था—शाह की कंजरी।

गज़ब का गाती थी। कोई गानेवाली उसकी तरह गिरजे की 'सद' नहीं लगा सकती थी। इसलिए लोग चाहे उसका नाम भूल गए थे पर उसकी आवाज़ नहीं भूल सके। शहर में जिसके घर भी तवेवाला बाजा था, वह उसके भरे हुए तवे ज़रूर खरीदता था। पर सब घरों में तवे की फरमाइश के वक्त हर कोई यही कहता था, "आज शाह की कंजरीवाला तवा ज़रूर सुनना है।"

लुकी-छिपी बात नहीं थी, शाह के घरवालों को भी पता था। सिर्फ पता ही नहीं था, उनके लिए बात भी पुरानी हो गई थी। शाह का बड़ा लड़का जो अब ब्याहने लायक था, जब गोद में था तो सेठानी ने ज़हर खाकर मरने की धमकी दी थी, पर शाह ने उसके गले में मोतियों का हार डालकर उसे कहा था, "शाहनीये ! वह तेरे घर की बरकत है। मेरी आंख जौहरी की आंख है, तूने सुना हुआ नहीं कि नीलम ऐसी चीज़ होता है, जो लाखों को खाक कर देता है और खाक को लाख बनाता है। जिसे उलटा पड़ जाए, उसके लाख के खाक बना देता है। पर जिसे सीधा पड़ जाए उसे खाक से लाख बना देता है। वह भी नीलम है, हमारी राशि से मिल गया है। जिस दिन से साथ बना है, मैं मिट्टी में हाथ डालूं तो सोना हो जाती है···"

"पर वही एक दिन घर उजाड़ देगी, लाखों को खाक कर देगी," शाहनी ने

छाती की साल सहकर उसी तरफ से दलील दी थी, जिस तरफ से शाह ने बात चलाई थी।

"मैं तो बल्कि डरता हूं कि इन कंजरियों का क्या भरोसा, कल किसी और ने सब्ज़बाग दिखाए, और जो यह हाथों से निकल गई, तो लाख से खाक बन जाना है।" शाह ने फिर अपनी दलील दी थी।

और शाहनी के पास और दलील नहीं रह गई थी। सिर्फ वक्त के पास रह गई थी और वक्त चुप था, कई बरसों से चुप था। शाह सचमुच जितने रुपये नीलम पर बहाता, उससे कई गुना ज्यादा पता नहीं कहां-कहां से बहकर उसके घर आ जाते थे। पहले उसकी छोटी-सी दुकान शहर के छोटे-से बाज़ार में होती थी, पर अब सबसे बड़े बाज़ार में लोहे के जंगलेवाली, सबसे बड़ी दुकान उसकी थी। घर की जगह पूरा महल्ला ही उसका था, जिसमें बड़े खाते-पीते किरायेदार थे। और जिसमें तहखानेवाले घर को शाहनी एक दिन के लिए भी अकेला नहीं छोड़ती थी।

बहुत बरस हुए, शाहनी ने एक दिन मोहरोंवाले ट्रंक को ताला लगाते हुए शाह से कहा था, "उसे चाहे होटल में रखो और चाहे उसे ताजमहल बनवा दो, पर बाहर की बला बाहर ही रखो, उसे मेरे घर ना लाना। मैं उसके माथे नहीं लगूंगी!"

और सचमुच शाहनी ने अभी तक उसका मुंह नहीं देखा था। जब उसने यह बात कही थी, उसका बड़ा लड़का स्कूल में पढ़ता था, और अब वह ब्याहने लायक हो गया था, पर शाहनी ने न उसके गानेवाले तवे घर में आने दिए, और न घर में किसी को उसका नाम लेने दिया था।

वैसे उसके बेटों ने दुकान-दुकान पर उसके गाने सुन रखे थे, और जने-जने से सुन रखा था—'शाह की कंजरी।'

बड़े लड़के का ब्याह था। घर पर चार महीने से दर्जी बैठे हुए थे, कोई सूटों पर सलमा काढ़ रहा था, कोई तिल्ला, कोई किनारी, और कोई दुपट्टे पर सितारे जड़ रहा था। शाहनी के हाथ भरे हुए थे—रुपयों की थैली निकालती, खोलती, फिर और थैली भरने के लिए तहखाने में चली जाती।

शाह के यार-दोस्तों ने शाह की दोस्ती का वास्ता डाला कि लड़के के ब्याह पर कंजरी ज़रूर गवानी है। वैसे बात उन्होंने बड़े तरीके से कही थी ताकि शाह कभी बल न खा जाए, "वैसे तो शाहजी की बहुतेरी गाने-नाचनेवाली हैं, जिसे मरजी हो बुलाओ। पर यहां मलिका-ए-तरन्नुम ज़रूर आए, चाहे मिरजे की एक ही 'सद' लगा जाए।"

फ्लैटी होटल आम होटलों जैसा नहीं था। वहां ज़्यादातर अंगरेज लोग ही आते और ठहरते थे। उसमें अकेले-अकेले कमरे भी थे, पर बड़े-बड़े तीन कमरों

के सैट भी। ऐसे ही एक सैट में नीलम रहती थी। और शाह ने सोचा—दोस्तों-यारों का दिल खुश करने के लिए वह एक दिन नीलम के यहां एक रात की महफिल रख लेगा।

"यह तो चौबारे पर जानेवाली बात हुई," एक ने उज्र किया तो सारे बोल पड़े, "नहीं, शाहजी ! वह तो सिर्फ तुम्हारा ही हक बनता है। पहले कभी इतने बरस हमने कुछ कहा है ? उस जगह का भी नाम नहीं लिया। वह जगह तुम्हारी अमानत है। हमें तो भतीजे के ब्याह की खुशी मनानी है, उसे खानदानी घरानों की तरह अपने घर बुलाओ, हमारी भाभी के घर···"

बात शाह के मन भा गई। इसलिए कि वह दोस्तों-यारों को नीलम की राह दिखाना नहीं चाहता था (चाहे उसके कानों में भनक पड़ती रहती थी कि उसकी गैर-हाज़िरी में कोई-कोई अमीरज़ादा नीलम के पास आने लगा था)—दूसरे इसलिए भी कि वह चाहता था, नीलम एक बार उसके घर आकर उसके घर की तड़क-भड़क देख जाए। पर वह शाहनी से डरता था, दोस्तों को हामी न भर सका।

दोस्तों-यारों में से दो ने राह निकाली, और शाहनी के पास जाकर कहने लगे, "भाभी, तुम लड़के की शादी के गीत नहीं गवाओगी ? हम तो सारी खुशियां मनाएंगे। शाह ने सलाह की है कि एक रात यारों की महफिल नीलम की तरफ हो जाए। बात तो ठीक है पर हज़ारों उजड़ जाएंगे। आखिर घर तो तुम्हारा है, पहले उस कंजरी को थोड़ा खिलाया है ? तुम सयानी बनो। उसे गाने-बजाने के लिए एक दिन यहां बुला लो। लड़के के ब्याह की खुशी भी हो जाएगी और रुपया उजड़ने से बच जाएगा।"

शाहनी पहले तो भरी-भराई बोली, "मैं उस कंजरी के माथे नहीं लगना चाहती," पर जब दूसरों ने बड़े धीरज से कहा, "यहां तो भाभी तुम्हारा राज है। वह बांदी बनकर आएगी, तुम्हारे हुक्म में बंधी हुई, तुम्हारे बेटे की खुशी मनाने के लिए। हेठी तो उसकी है, तुम्हारी काहे की ? जैसे कमीन-कुमने आए, डोम-मिरासी, तैसी वह।"

बात शाहनी के मन भन भा गई। वैसे भी कभी सोते-बैठते उसे खयाल आता था—एक बार देखूं तो सही कैसी है ?

उसने उसे कभी देखा नहीं था पर कल्पना ज़रूर थी—चाहे डरकर, सहमकर, चाहे एक नफरत से। और शहर में से गुज़रते हुए, अगर किसी कंजरी को टांगे में बैठी देखती तो न सोचते हुए ही सोच जाती—क्या पता, वही हो ?

"चलो एक बार मैं भी देख लूं," वह मन में घुल-सी गई, "जो उसको मेरा बिगाड़ना था, बिगाड़ लिया, अब और उसे क्या कर लेना है ! एक बार चन्दरा को देख तो लूं।"

शाहनी ने हामी भर दी, पर एक शर्त रखी—"यहाँ न शराब उड़ेगी, न कबाब। भले घरों में जिस तरह गीत गाए जाते हैं, उसी तरह गीत करवाऊंगी। तुम मर्द-मानस भी बैठ जाना। वह आए और सीधी तरह गाकर चली जाए। मैं वही चार बताशे उसकी झोली में भी डाल दूंगी जो और लड़कियों-त्रड़कियों को दूंगी, जो बन्ने, सेहरे गाएंगी।"

"यही तो भाभी, हम कहते हैं।" शाह के दोस्तों ने फूंक दी, "तुम्हारी समझदारी से ही तो घर बना है, नहीं तो क्या ख़बर क्या हो गुज़रना था।"

वह आई। शाहनी ने खुद अपनी बग्घी भेजी थी। घर मेहमानों से भरा हुआ था। बड़े कमरे में सफ़ेद चादरें बिछाकर, बीच में ढोलक रखी हुई थी। घर की औरतों ने बन्ने-सेहरे गाने शुरू कर रखे थे···

बग्घी दरवाज़े पर आ रुकी, तो कुछ उतावली औरतें दौड़कर खिड़की की एक तरफ चली गईं और कुछ सीढ़ियों की तरफ···

"अरी, बदशगुनी क्यों करती हो, सेहरा बीच में ही छोड़ दिया।" शाहनी ने डाट-सी दी। पर उसकी आवाज़ खुद ही धीमी-सी लगी। जैसे उसके दिल पर एक धमक-सी हुई हो···

वह सीढ़ियां चढ़कर दरवाज़े तक आ गई थी। शाहनी ने अपनी गुलाबी साड़ी का पल्ला संवारा, जैसे सामने देखने के लिए वह साड़ी के शगुनवाले रंग का सहारा ले रही हो···

सामने उसने हरे रंग का बांकड़ीवाला गरारा पहना हुआ था, गले में लाल रंग की कमीज़ थी और सिर से पैर तक ढलकी हुई हरे रेशम की चुनरी। एक झिलमिल-सी हुई। शाहनी को सिर्फ एक पल यही लगा—जैसे हरा रंग सारे दरवाज़े में फैल गया था।

फिर हरे कांच की चूड़ियों की छनछन हुई, तो शाहनी ने देखा—एक गोरा-गोरा हाथ एक झुके हुए माथे को छूकर आदाब बजा रहा है, और साथ ही एक झनकती हुई-सी आवाज़—"बहुत-बहुत मुबारिक, शाहनी! बहुत-बहुत मुबारिक···"

वह बड़ी नाज़ुक-सी, पतली-सी थी। हाथ लगते ही दोहरी होती थी। शाहनी ने उसे गाव-तकिये के सहारे हाथ के इशारे से बैठने को कहा, तो शाहनी को लगा कि उसकी मांसल बांह बड़ी ही बेडौल लग रही थी···

कमरे के एक कोने में शाह भी था। दोस्त भी थे, कुछ रिश्तेदार मर्द भी। उस नाज़नीन ने उस कोने की तरफ देखकर भी एक बार सलाम किया, और फिर परे गाव-तकिये के सहारे ठुमककर बैठ गई। बैठते वक्त कांच की चूड़ियां फिर छनकी थीं, शाहनी ने एक बार फिर उसकी बांहों को देखा, हरे कांच की

चूड़ियों को और फिर स्वाभाविक ही अपनी बांह में पड़े हुए सोने के चूड़े को देखने लगी···

कमरे में एक चकाचौंध-सी छा गई थी। हरेक की आंखें जैसे एक ही तरफ उलट गई थीं, शाहनी की अपनी आंखें भी, पर उसे अपनी आंखों को छोड़कर सब की आंखों पर एक गुस्सा-सा आ गया···

वह फिर एक बार कहना चाहती थी—अरी बदशगुनी क्यों करती हो? सेहरे गाओ ना···पर उसकी आवाज़ गले में घुटती-सी गई थी। शायद औरों की आवाज़ भी गले में घुट गई थी। कमरे में एक खामोशी छा गई थी। वह अधबीच रखी हुई ढोलक की तरफ देखने लगी, और उसका जी किया कि वह बड़ी ज़ोर से ढोलक बजाए···

खामोशी उसने ही तोड़ी जिसके लिए खामोशी छाई थी। कहने लगी, "मैं तो सबसे पहले घोड़ी गाऊंगी, लड़के का 'सगन' करूंगी, क्यों शाहनी?" और शाहनी की तरफ ताकती, हंसती हुई घोड़ी गाने लगी, "निक्की निक्की बूंदी निकिया मींह वे वरे, तेरी मां वे सुहागन तेरे सगन करे···"

शाहनी को अचानक तसल्ली-सी हुई—शायद इसलिए कि गीत के बीच की मां वही थी, और उसका मर्द भी सिर्फ उसका मर्द था—तभी तो मां सुहागन थी···

शाहनी हंसते-से मुंह से उसके बिलकुल सामने बैठ गई—जो उस वक्त उसके बेटे के सगन कर रही थी···

घोड़ी खत्म हुई तो कमरे की बोलचाल फिर से लौट आई। फिर कुछ स्वाभाविक-सा हो गया। औरतों की तरफ से फरमाइश की गई—"ढोलकी रोड़ेवाला गीत।" मर्दों की तरफ से फरमाइश की गई—"मिरजे दियां सद्दां।"

गानेवाली ने मर्दों की फरमाइश सुनी-अनसुनी कर दी, और ढोलकी को अपनी तरफ खींचकर उसने ढोलकी से अपना घुटना जोड़ लिया। शाहनी कुछ रौ में आ गई—शायद इसलिए कि गानेवाली मर्दों की फरमाइश पूरी करने के बजाय औरतों की फरमाइश पूरी करने लगी थी···

मेहमान औरतों में से शायद कुछ एक को पता नहीं था। वह एक-दूसरे से कुछ पूछ रही थीं, और कई उनके कान के पास कह रही थीं—"यही है शाह की कंजरी···"

कहनेवालियों ने शायद बहुत धीरे-से कहा था—खुसुरफुसुर-सा, पर शाहनी के कान में आवाज़ पड़ रही थी, कानों से टकरा रही थी—शाह की कंजरी··· शाह की कंजरी···और शाहनी के मुंह का रंग फिर फीका पड़ गया।

इतने में ढोलक की आवाज़ ऊंची हो गई और साथ ही गानेवाली की आवाज़, "सूहे वे चीरे वालिया मैं कहनी हां···" और शाहनी का कलेजा थम-सा

गया— यह सूहे चीरेवाला मेरा ही बेटा है, सुख से आज घोड़ी पर चढ़नेवाला मेरा बेटा···

फरमाइश का अन्त नहीं था। एक गीत खत्म होता, दूसरा गीत शुरू हो जाता। गानेवाली कभी औरतों की तरफ की फरमाइश पूरी करती, कभी मर्दों की। बीच-बीच में कह देती, "कोई और भी गाओ ना, मुझे सांस दिला दो।" पर किसकी हिम्मत थी, उसके सामने होने की, उसकी टल्ली-सी आवाज़···वह भी शायद कहने को कह रही थी, वैसे एक के पीछे झट दूसरा गीत छेड़ देती थी।

गीतों की बात और थी, पर जब उसने मिरजे की हेक लगाई, "उठ नी साहिबा सुत्तीये! उठ के दे दीदार···" हवा का कलेजा हिल गया। कमरे में बैठे मर्द बुत बन गए थे। शाहनी को फिर घबराहट-सी हुई, उसने बड़े गौर से शाह के मुंह की तरफ देखा। शाह भी और बुतों सरीखा बुत बना हुआ था, पर शाहनी को लगा वह पत्थर का हो गया था···

शाहनी के कलेजे में हौल-सा हुआ, और उसे लगा अगर यह घड़ी छिन गई तो वह आप भी हमेशा के लिए बुत बन जाएगी···वह करे, कुछ करे, कुछ भी करे, पर मिट्टी का बुत ना बने···

काफी शाम हो गई, महफिल खत्म होनेवाली थी···

शाहनी का कहना था, आज वह उसी तरह बताशे बांटेगी, जिस तरह लोग उस दिन बांटते हैं जिस दिन गीत बैठाए जाते हैं। पर जब गाना खत्म हुआ तो कमरे में चाय और कई तरह की मिठाई आ गई···

और शाहनी ने मुट्ठी में लपेटा हुआ सौ का नोट निकालकर, अपने बेटे के सिर पर से वारा, और फिर उसे पकड़ा दिया, जिसे लोग शाह की कंजरी कहते थे।

"रहने दे, शाहनी। आगे भी तेरा ही खाती हूं।" उसने जवाब दिया और हंस पड़ी। उसकी हंसी उसके रूप की तरह झिलमिल कर रही थी।

शाहनी के मुंह का रंग हलका पड़ गया। उसे लगा, जैसे शाह की कंजरी ने आज भरी सभा में शाह से अपना सम्बन्ध जोड़कर उसकी हतक कर दी थी। पर शाहनी ने अपनाआप थाम लिया। एक जेरासा किया कि आज उसने हार नहीं खानी थी। और वह जोर से हंस पड़ी। नोट पकड़ाती हुई कहने लगी, "शाह से तूने नित लेना है, पर मेरे हाथ से तूने फिर कब लेना है? चल, आज ले ले···"

और शाह की कंजरी, सौ के नोट को पकड़ती हुई, एक ही बार में हीनी-सी हो गई···

कमरे में शाहनी की साड़ी का सगुनवाला गुलाबी रंग फैल गया···

अक्षरों की छाया में

अपनी आत्मकथा 'रसीदी टिकट' लिखने से पहले कुछ कह पाना सम्भव नहीं था। ज़िन्दगी के बड़े निजी और नाज़ुक क्षणों की बात जब कोई सीधे अपने नाम से जोड़कर नहीं कर सकता, तब वह उपन्यासों और कहानियों में पराये नामों की छाया में खड़ा हो जाता है, मन की बात कह भी लेता है और अपना नाम भी पाठकों के सामने रखने से बच जाता है। दुनिया के साहित्य में अनेक ऐसी आत्मकथाएं हैं जो उपन्यासों और कहानियों के रूप में लिखी गई हैं, पर आत्मकथा की अग्नि-परीक्षा में से गुज़रकर किसी लेखक के लिए किसी ओट की आवश्यकता कोई अर्थ नहीं रखती। एक समय था जब पाठकों का एक विशेष प्रश्न मैं हंसकर सह लेती थी, पर टाल देती थी। पर कई वर्ष पहले जो सहज नहीं था, आज सहज है। आज उनके बरसों से हवा में ठहरे हुए प्रश्न को सामने रख लिया है और उसका उत्तर दे रही हूं। प्रश्न होता था—'अमुक कहानी की मुख्य पात्र कौन है ?···क्या यह घटना निजी ज़िन्दगी की है ?' 'मैं' की जिम्मेदारी अकेले कंधे पर उठाना आसान नहीं होता, उसे 'हम' के अनेक कंधों पर बांट दिया जाता है, और लेखक अपने एक नाम को अपनी कहानियों में कई पात्रों के नाम दे देता है···मैं जब अमृता को अमृता नहीं कह पाई, कभी उसे अलका कहा, कभी मीनू···कुछ भी···

आज कह सकती हूं—'यह कहानी नहीं' मेरी एक बेपनाह मुहब्बत को लिए हुए है। इस कहानी की 'अ' अमृता है, और 'स' साहिर। इस कहानी का अक्षर अक्षर मेरे बदन पर उतर गया था···

यह कहानी नहीं

पत्थर और चूना बहुत था, लेकिन अगर थोड़ी-सी जगह पर दीवार की तरह उभरकर खड़ा हो जाता, तो घर की दीवारें बन सकता था पर बना नहीं। वह धरती पर फैल गया, सड़कों की तरह, और वे दोनों तमाम उम्र उन सड़कों पर चलते रहे···

सड़कें, एक-दूसरे के पहलू से भी फटती हैं, एक-दूसरे के शरीर को चीरकर भी गुज़रती हैं, एक-दूसरे से हाथ छुड़ाकर गुम भी हो जाती हैं, और एक-दूसरे के गले से लगकर एक-दूसरे में लीन भी हो जाती थीं। वे एक-दूसरे से मिलते रहे, पर सिर्फ तब, जब कभी-कभार उनके पैरों के नीचे बिछी हुई सड़कें एक-दूसरे से आकर मिल जाती थीं।

घड़ी-पल के लिए शायद सड़कें भी चौंककर रुक जाती थीं, और उनके पैर भी···

और तब शायद दोनों को उस घर का ध्यान आ जाता था जो बना नहीं था···

बन सकता था, फिर क्यों नहीं बना ? वे दोनों हैरान-से होकर पांवों के नीचे की ज़मीन को ऐसे देखते थे जैसे यह बात उस ज़मीन से पूछ रहे हों···

और फिर वे कितनी ही देर ज़मीन की ओर ऐसे देखने लगते मानो वे अपनी नज़र से ज़मीन में उस घर की नींवें खोद लेंगे।···

और कई बार सचमुच वहां जादू का एक घर उभरकर खड़ा हो जाता और वे दोनों ऐसे सहज मन हो जाते मानो बरसों से उस घर में रह रहे हों···

यह उनकी भरपूर जवानी के दिनों की बात नहीं, अब की बात है, ठण्डी उम्र की बात, कि अ एक सरकारी मीटिंग के लिए स के शहर गई। अ को भी वक्त ने स जितना सरकारी ओहदा दिया है, और बराबर की हैसियत के लोग जब मीटिंग से उठे, सरकारी दफ्तर ने बाहर के शहरों से आनेवालों के लिए वापसी टिकट तैयार रखे हुए थे, स ने आगे बढ़कर अ का टिकट ले लिया, और बाहर आकर अ से अपनी गाड़ी में बैठने के लिए कहा।

पूछा—'सामान कहां है ?'

'होटल में !'

स ने ड्राइवर से पहले होटल और फिर वापस घर चलने के लिए कहा।

अ ने आपत्ति नहीं की, पर तर्क के तौर पर कहा—'प्लेन में सिर्फ दो घण्टे बाकी हैं, होटल होकर मुश्किल से एयरपोर्ट पहुंचूंगी।"

'प्लेन कल भी जाएगा, परसों भी, रोज़ जाएगा।' स ने सिर्फ इतना कहा, फिर रास्ते में कुछ नहीं कहा।

होटल से सूटकेस लेकर गाड़ी में रख लिया, तो एक बार अ ने फिर कहा—'वक्त थोड़ा है, प्लेन मिस हो जायेगा।'

स ने जवाब में कहा—'घर पर मां इन्तजार कर रही होगी।'

अ सोचती रही कि शायद स ने मां को इस मीटिंग का दिन बताया हुआ था, पर वह समझ नहीं सकी—क्यों बताया था ?

अ कभी-कभी मन से यह 'क्यों' पूछ लेती थी, पर जवाब का इन्तज़ार नहीं करती थी। वह जानती थी—मन के पास कोई जवाब नहीं था। वह चुप बैठी शीशे में से बाहर शहर की इमारतों को देखती रही···

कुछ देर बाद इमारतों का सिलसिला टूट गया। शहर से दूर बाहर की आबादी आ गई, और पाम के बड़े-बड़े पेड़ों की कतारें शुरू हो गईं···

समुद्र शायद पास ही था, अ के साँस नमकीन-से हो गए। उसे लगा—पाम के पत्तों की तरह उसके हाथों में कम्पन आ गया था,—शायद स का घर भी अब पास था···

पेड़ों-पत्तों में लिपटी हुई-सी एक कॉटेज के पास पहुंचकर गाड़ी खड़ी हो गई। अ भी उतरी, पर कॉटेज के भीतर जाते हुए एक पल के लिए बाहर केले के पेड़ के पास खड़ी हो गई। जी किया—अपने कांपते हुए हाथों को यहां बाहर केले के कांपते हुए पत्तों के बीच में रख दे। वह स के साथ भीतर कॉटेज में जा सकती थी, पर हाथों की वहां ज़रूरत नहीं थी—इन हाथों से न वह अब स को कुछ दे सकती थी, न स से कुछ ले सकती थी···

मां ने शायद गाड़ी की आवाज़ सुन ली थी, बाहर आ गई। उन्होंने हमेशा की तरह अ का माथा चूमा और कहा—'आओ, बेटी!'

इस बार अ बहुत दिनों बाद मां से मिली थी, पर मां ने उसके सिर पर हाथ फेरते हुए—जैसे सिर पर से बरसों का बोझ उतार दिया हो—और उसे भीतर ले जाकर बिठाते हुए उससे पूछा—'क्या पियोगी, बेटी?'

स भी अब तक भीतर आ गया था, मां से कहने लगा—'पहले चाय बनवाओ, फिर खाना!'

अ ने देखा—ड्राइवर गाड़ी से उसका सूटकेस अन्दर ला रहा था। उसने स की ओर देखा, कहा—'बहुत थोड़ा वक्त है, मुश्किल से एयरपोर्ट पहुंचूंगी।'

स ने उससे नहीं, ड्राइवर से कहा—'कल सवेरे जाकर परसों का टिकट ले आना।' और मां से कहा—'तुम कहती थीं कि मेरे कुछ दोस्तों को खाने पर बुलाना है, कल बुला लो।'

अ ने स की जेब की ओर देखा जिसमें उसका वापसी का टिकट पड़ा हुआ था, कहा—'पर यह टिकट बरबाद जाएगा···'

मां रसोई की तरफ़ जाते हुए खड़ी हो गई, और अ के कन्धे पर अपना हाथ रखकर कहने लगी—'टिकट का क्या है, बेटी! इतना कह रहा है, रुक जाओ।'

पर क्यों? अ के मन में आया, पर कहा कुछ नहीं। कुर्सी से उठकर कमरे के आगे बरामदे में जाकर खड़ी हो गई। सामने दूर तक पाम के ऊंचे-ऊंचे पेड़ थे। समुद्र परे था। उसकी आवाज़ सुनाई दे रही थी। अ को लगा—सिर्फ आज का 'क्यों' नहीं, उसकी ज़िन्दगी के कितने ही 'क्यों' उसके मन के समुद्र के तट पर इन पाम के पेड़ों की तरह उगे हुए हैं, और उनके पत्ते अनेक वर्षों से हवा में कांप रहे हैं।

अ ने घर के मेहमान की तरह चाय पी, रात को खाना खाया, और घर का गुसलखाना पूछकर रात को सोने के समय पहननेवाले कपड़े बदले। घर में एक लम्बी बैठक थी, ड्राइंग-डाइनिंग, और दो और कमरे थे—एक स का, एक मां

का। मां ने ज़िद करके अपना कमरा अ को दे दिया, और स्वयं बैठक में सो गई।

अ सोने वाले कमरे में चली गई, पर कितनी ही देर झिझकी हुई-सी खड़ी रही। सोचती रही—मैं बैठक में एक-दो रातें मुसाफिरों की तरह ही रह लेती, ठीक था, यह कमरा मां का है, मां को ही रहना चाहिए था···

सोने वाले कमरे के पलंग में, पर्दों में, और अलमारी में एक घरेलू-सी बू-बास होती है, अ ने इसका एक घूंट-सा भरा। पर फिर अपना सांस रोक लिया मानो अपने ही सांसों से डर रही हो···

बराबर का कमरा स का था। कोई आवाज़ नहीं थी। घड़ी पहले स ने सिर-दर्द की शिकायत की थी, नींद की गोली खायी थी, अब तक शायद सो गया था। पर बराबरवाले कमरों की भी अपनी एक बू-बास होती है, अ ने एक बार उसका भी एक घूंट पीना चाहा, पर सांस रुका रहा।

फिर अ का ध्यान अलमारी के पास नीचे फर्श पर पड़े हुए अपने सूटकेस की ओर गया, और उसे हंसी-सी आ गई—यह देखो मेरा सूटकेस, मुझे सारी रात मेरी मुसाफिरी की याद दिलाता रहेगा···

और वह सूटकेस की ओर देखते हुए, थकी हुई-सी, तकिये पर सिर रखकर लेट गई···

न जाने कब नींद आ गई। सोकर जागी तो खासा दिन चढ़ा हुआ था। बैठक में रात को होनेवाली दावत की हलचल थी।

एक बार तो अ आंखें झपककर रह गई—बैठक में सामने स खड़ा था—चारखाने का नीले रंग का तहमद पहने हुए। अ ने उसे कभी रात के सोने के समय के कपड़ों में नहीं देखा था। हमेशा दिन में ही देखा था—किसी सड़क पर, सड़क के किनारे किसी कैफ़े में, होटल में, या किसी सरकारी मीटिंग में—उसकी यह पहचान नयी-सी लगी, आंखों में अटक-सी गई···

अ ने भी इस समय नाइट सूट पहना हुआ था, पर अ ने बैठक में आने से पहले उस पर ध्यान नहीं दिया था, अब ध्यान आया तो अपना-आप ही अजीब लगने लगा—साधारण स असाधारण-सा होता हुआ···

बैठक में खड़ा हुआ स, अ को आते हुए देखकर कहने लगा—'ये दो सोफे हैं, इन्हें लम्बाई के रुख रख लें। बीच में जगह खुली हो जाएगी।'

अ ने सोफों को पकड़वाया, छोटी मेज़ों को उठाकर कुर्सियों के बीच में रखा। फिर मां ने चौके से आवाज़ दी तो अ ने चाय लाकर मेज़ पर रख दी।

चाय पीकर स ने उससे कहा—'चलो, जिन लोगों को बुलाना है, उनके घर जाकर कह आएं और लौटते हुए कुछ फल लेते आएं।'

दोनों ने पुराने परिचित दोस्तों के घर जाकर दस्तक दी, सन्देशे दिए, रास्ते

से चीज़ खरीदीं, फिर वापस आकर दोपहर का खाना खाया, और फिर बैठक को फूलों से सजाने में लग गए।

दोनों ने रास्ते में साधारण-सी बातें की थीं—फल कौन-कौन-से लेने हैं ? पान लेने हैं या नहीं ? ड्रिंक्स के साथ के लिए कबाब कितने ले लें ? फलां का घर रास्ते में पड़ता है, उसे भी बुला लें ?—और यह बातें वे नहीं थीं जो सात बरस बाद मिलनेवाले करते हैं।

अ को सवेरे दोस्तों के घर पर पहली-दूसरी दस्तक देते समय ही सिर्फ थोड़ी-सी परेशानी महसूस हुई थी। वे भले ही स के दोस्त थे, पर एक लम्बे समय से अ को जानते थे, दरवाज़ा खोलने पर बाहर उसे स के साथ देखते तो हैरान-से हो कह उठते—'आप !'

पर वे जब अकेले गाड़ी में बैठते, तो स हंस देता—'देखा, कितना हैरान हो गया, उससे बोला भी नहीं जा रहा था।'

और फिर एक-दो बार के बाद दोस्तों की हैरानी भी उनकी साधारण बातों में शामिल हो गई। स की तरह अ भी सहज मन से हंसने लगी।

शाम के समय स ने छाती में दर्द की शिकायत की। मां ने कटोरी में ब्राण्डी डाल दी, और अ से कहा—'लो, बेटी ! यह ब्राण्डी इसकी छाती पर मल दो।'

इस समय तक शायद इतना कुछ सहज हो चुका था, अ ने स की कमीज़ के ऊपरवाले बटन खोले, और हाथ से उसकी छाती पर ब्राण्डी मलने लगी।

बाहर पाम के पेड़ों के पत्ते और केलों के पत्ते शायद अभी भी कांप रहे थे, पर अ के हाथ में कम्पन नहीं था। एक दोस्त समय से पहले आ गया था, अ ने ब्राण्डी में भीगे हुए हाथों से उसका स्वागत करते हुए उसे नमस्कार भी किया, और फिर कटोरी में हाथ डुबोकर बाकी रहती ब्राण्डी को उसकी गर्दन पर मल दिया—कंधों तक।

धीरे-धीरे कमरा मेहमानों से भर गया। अ फ्रिज़ से बरफ निकालती रही और सादा पानी भर-भर फ्रिज़ में रखती रही। बीच-बीच में रसोई की तरफ जाती, ठण्डे कबाब फिर से गर्म करके ले आती। सिर्फ एक बार जब स ने अ के कान के पास होकर कहा—'तीन-चार तो वे लोग भी आ गए हैं, जिन्हें बुलाया नहीं था। ज़रूर किसी दोस्त ने उनसे भी कहा होगा, तुम्हें देखने के लिए आ गए हैं'—तो पल भर के लिए अ की स्वाभाविकता टूटी, पर फिर जब स ने उससे कुछ गिलास धोने के लिए कहा, तो वह उसी तरह सहज मन हो गई।

महफिल गर्म हुई, रात ठण्डी हुई, और जब लगभग आधी रात के समय सब चले गए, अ को सोनेवाले कमरे में जाकर अपने सूटकेस में से रात के कपड़े निकाल-कर पहनते हुए लगा—कि सड़कों पर बना हुआ जादू का घर अब कहीं भी नहीं था···

यह जादू का घर उसने कई बार देखा था—बनते हुए भी, मिटते हुए भी, इसलिए वह हैरान नहीं थी। सिर्फ थकी-थकी-सी तकिये पर सिर रखकर सोचने लगी—कब की बात है···शायद पचीस बरस हो गए—नहीं, तीस बरस···जब पहली बार वे ज़िन्दगी की सड़कों पर मिले थे—अ किस सड़क से आई थी, स कौन-सी सड़क से आया था, दोनों पूछना भी भूल गए थे, और बताना भी। वे निगाह नीची किए, ज़मीन में नींवें खोदते रहे, और फिर यहां जादू का एक घर बनकर खड़ा हो गया, और वे सहज मन से सारे दिन उस घर में रहते रहे।

फिर जब दोनों की सड़कों ने उन्हें आवाज़ें दीं, वे अपनी-अपनी सड़क की ओर जाते हुए चौंककर खड़े हो गए। देखा—दोनों सड़कों के बीच एक गहरी खाई थी। स कितनी ही देर उस खाई की ओर देखता रहा, जैसे अ से पूछ रहा हो कि इस खाई को तुम किस तरह पार करोगी? अ ने कहा कुछ नहीं था, पर स के हाथ की ओर देखा था, जैसे कह रही हो—तुम हाथ पकड़कर पार करा लो, मैं मज़हब की इस खाई को पार कर जाऊंगी।

फिर स का ध्यान ऊपर की ओर गया था, अ के हाथ की ओर। अ की उंगली में हीरे की एक अंगूठी चमक रही थी। स कितनी देर तक देखता रहा, जैसे पूछ रहा हो—तुम्हारी उंगली पर यह जो कानून का धागा लिपटा हुआ है, मैं इसका क्या करूंगा? अ ने अपनी उगली की ओर देखा था और धीरे-से हंस पड़ी थी, जैसे कह रही हो—तुम एक बार कहो, मैं कानून का यह धागा नाखूनों से खोल दूंगी। नाखूनों से नहीं खुलेगा तो दांतों से खोल दूंगी।

पर स चुप रहा था. और अ भी चुप खड़ी रह गई थी। पर जैसे सड़कें एक ही जगह पर खड़ी हुई भी चलती रहती हैं, वे भी एक जगह पर खड़े हुए चलते रहे···

फिर एक दिन स के शहर से आनेवाली सड़क अ के शहर आ गई थी, और अ ने स की आवाज़ सुनकर अपने एक बरस के बच्चे को उठाया था और बाहर सड़क पर उसके पास आकर खड़ी हो गई थी। स ने धीरे-से हाथ आगे करके सोये हुए बच्चे को अ से ले लिया था और अपने कन्धे से लगा लिया था और फिर वे सारे दिन उस शहर की सड़कों पर चलते रहे···

वे उनकी भरपूर जवानी के दिन थे—उनके लिए न धूप थी, न ठण्ड। और फिर जब चाय पीने के लिए वे एक कैफ़े में गए तो बैरे ने एक मर्द, एक औरत और एक बच्चे को देखकर एक अलग कोने की कुर्सियां पोंछ दी थीं। और कैफ़े के उस अलग कोने में एक जादू का घर बनकर खड़ा हो गया था···

और एक बार···अचानक चलती हुई रेलगाड़ी में मिलाप हो गया था। स भी था, मां भी, और स का एक दोस्त भी। अ की सीट बहुत दूर थी, पर स के दोस्त ने उससे अपनी सीट बदल ली थी और उसका सूटकेस उठाकर स के सूटकेस के

पास रख दिया था। गाड़ी में दिन के समय ठण्ड नहीं थी, पर रात ठण्डी थी। मां ने दोनों को एक कम्बल दे दिया था, आधा स के लिए, आधा अ के लिए। और चलती हुई गाड़ी में उस साझे के कम्बल के किनारे जादू के घर की दीवारें बन गई थीं···

जादू की दीवारें बनती थीं, मिटती थीं, और आखिर उनके बीच खण्डहरों की-सी खामोशी का एक ढेर लग जाता था···

स को कोई बन्धन नहीं था। अ को था। पर वह तोड़ सकती थी। फिर यह क्या था कि वे तमाम उम्र सड़कों पर चलते रहे···

अब तो उम्र बीत गई—अ ने उम्र के तपते दिनों के बारे में भी सोचा और अब के ठण्डे दिनों के बारे में भी। लगा—सब दिन, सब बरस पाम के पत्तों की तरह हवा में खड़े कांप रहे थे।

बहुत दिन हुए, एक बार अ ने बरसों की खामोशी को तोड़कर पूछा था—तुम बोलते क्यों नहीं ? कुछ भी नहीं कहते। कुछ तो कहो !'

पर स हंस दिया था, कहने लगा—'यहां रोशनी बहुत है, हर जगह रोशनी होती है, मुझसे बोला नहीं जाता।'

और अ का जी किया था—वह एक बार सूरज को पकड़कर बुझा दे···

सड़कों पर सिर्फ दिन चढ़ते हैं। रातें तो घरों में होती हैं···पर घर कोई था नहीं, इसलिए रात भी कहीं नहीं थी—उनके पास सिर्फ सड़कें थीं, और सूरज था, और स सूरज की रोशनी में बोलता नहीं था।

एक बार बोला था—

वह चुप-सा बैठा हुआ था जब अ ने पूछा था—'क्या सोच रहे हो ?' तो वह बोला—'सोच रहा हूं, लड़कियों से फ्लर्ट करूं और तुम्हें दुःखी करूं।'

पर इस तरह अ दुखी नहीं, सुखी हो जाती। इसलिए अ भी हंसने लगी थी, स भी।

और फिर एक लम्बी खामोशी···

कई बार अ के जी में आता था—हाथ आगे बढ़ाकर स को उसकी खामोशी में से बाहर ले आए, वहां तक जहां तक दिल का दर्द है। पर वह अपने हाथों को सिर्फ देखती रहती थी, उसने हाथों से कभी कुछ कहा नहीं था।

एक बार स ने कहा था 'चलो, चीन चलें !'

'चीन ?'

'जाएंगे, पर आएंगे नहीं !'

'पर चीन क्यों ?'

यह 'क्यों' भी शायद पाम के पेड़ के समान था जिसके पत्ते फिर हवा में कांपने लगे···

इस समय अ ने तकिये पर सिर रखा हुआ था, पर नींद नहीं आ रही थी। स बराबर के कमरे में सोया हुआ था, शायद नींद की गोली खाकर।

अ को न अपने जागने पर गुस्सा आया, न स की नींद पर। वह सिर्फ यह सोच रही थी—कि वे सड़कों पर चलते हुए जब कभी मिल जाते हैं तो वहां घड़ी-पहर के लिए एक जादू का घर क्यों बनकर खड़ा हो जाता है ?

अ को हंसी-सी आ गई—तपती हुई जवानी के समय तो ऐसा होता था, ठीक है, लेकिन अब क्यों होता है ? आज क्यों हुआ ?

यह न जाने क्या था, जो उम्र की पकड़ में नहीं आ रहा था···

बाकी रात न जाने कब बीत गई—अब दरवाज़े पर धीरे-से खटका करता हुआ ड्राइवर कह रहा था कि एयरपोर्ट जाने का समय हो गया है···

अ ने साड़ी पहनी, सूटकेस उठाया, स भी जागकर अपने कमरे से आ गया, और वे दोनों उस दरवाज़े की ओर बढ़े जो बाहर सड़क की ओर खुलता था···

ड्राइवर ने अ के हाथ से सूटकेस ले लिया था, अ को अपने हाथ और खाली-खाली से लगे। वह दहलीज़ के पास अटक-सी गई, फिर जल्दी से अन्दर गई और बैठक में सोयी हुई मां को खाली हाथों से प्रणाम करके बाहर आ गई···

फिर एयरपोर्टवाली सड़क शुरू हो गई, खत्म होने को भी आ गई, पर स भी चुप था, अ भी···

अचानक स ने कहा—'तुम कुछ कहने जा रही थीं ?'

'नहीं।'

और वह फिर चुप हो गया।

फिर अ को लगा—शायद स को भी—कि बहुत कुछ कहने को था, बहुत कुछ सुनने को, पर बहुत देर हो गई थी, और अब सब शब्द ज़मीन में गड़ गए थे—पाम के पेड़ बन गए थे और मन के समुद्र के पास लगे हुए उन पेड़ों के पत्ते शायद तब तक कांपते रहेंगे जब तक हवा चलती रहेगी···

एयरपोर्ट आ गया और पांवों के नीचे स के शहर की सड़क टूट गई···

अब सामने एक नई सड़क थी—जो हवा में से गुज़रकर अ के शहर की एक सड़क से जा मिलने को थी···

और वहां जहां दो सड़कें एक-दूसरे के पहलू से निकलती हैं, स ने धीरे-से अ को अपने कन्धे से लगा लिया। और फिर वे दोनों कांपते हुए, पांवों के नीचे की ज़मीन को इस तरह देखने लगे, जैसे उन्हें उस घर का ध्यान आ गया हो जो नहीं बना था···

—**अक्षरों की छाया में** पुस्तक से

मिथहास का नया दर्शन

मैं एक कहानी लिखना चाहती थी, उस एक अकेली औरत पर, जिसने एक कालेज की प्रिंसिपल होने के नाते सारी ज़िन्दगी किताबों में गुज़ार दी है, लेकिन उसने मेरी दोस्ती को कोई भी ज़ाती सवाल पूछने का हक नहीं दिया। कभी पिघले-से क्षणों में बस इतना भर कहा—"ज़िन्दगी में कुछ-एक क्षण किसी की मुहब्बत के आए भी तो क्या···" और इन लफ्ज़ों के बाद हमेशा एक खामोशी फैल जाती थी—एक बहुत बड़े वीराने की तरह।

अचानक इस खामोशी के वीराने में एक दिन मुझे लगाव—जैसे वह अकेली औरत, एक तिमंजिला इमारत की तरह थी और जिसके खंडहरात बताते हैं कि उसकी पहली मंज़िल ज़रूर कभी किसी की मुलाकात से आबाद हुई होगी···सहज एक कहानी कागज़ पर उतरने लगी जिसमें पहली मंज़िल का मैं ज़िक्र करने लगी तो दो परछाइयां उभरने लगीं···मैंने लिखा, "हवा कुछ तेज़-सी बहने लगी, शायद इसलिए कि हवा में तेरी सांस मिली हुई थी। और हवा की छाती में खड़े हुए पेड़ों के पत्ते धडकने लगे। मैं हड्डियों की और मांस की एक इमारत थी, लेकिन तुम्हें राह से गुज़रते देखा तो जैसे अपने ही बदन से बाहर आ गई—देखा कि बाहर तेरे पैर जैसे राह से बातें कर रहे हों। जाने तूने क्या कहा कि राह की मिट्टी का रंग गुलाबी-सा हो गया। और फिर जब दोबारा तुम उस राह से गुज़रे और एक पेड़ के नीचे पल भर के लिए रुक गए, तो बाद में उस पेड़ ने मुझे बताया कि उस दिन उसकी टहनियों पर बौर पड़ा था···और फिर एक दिन बहुत गर्म दोपहर थी, जब तुम उस राह से गुज़रे, तो मेरे दरवाज़े के सामने ऐसे प्यासे-से खड़े हो गए, जैसे उस दरवाज़े से तुम किसी कुएं का पता पूछ रहे थे···मैं एक इमारत थी, और इमारत के भीतर एक पानी का घड़ा था, तुम चुपचाप इमारत में दाखिल हुए, और पानी का कसोरा पी लिया···तुम जब भी कभी उस राह से गुज़रते, तुम्हें प्यास लगती, और तुम पानी का घूंट पीकर चले जाते···और बाद में मुझे लगता, जैसे मैं सूखे हुए गले जैसी हो जाती थी, और एक प्यास होंठों पर तड़पने लगती थी···"

वह औरत एक इमारत की सूरत में मेरे सामने आई, तो मेरी नजर में उस इमारत की नीचे की मंजिल उस धरती की तरह हो गई, जो कभी मुहब्बत का मौसम आने पर ज़रखेज़ हो गई थी···और उस इमारत की दूसरी मंज़िल, उसी ज़रखेज़ता, की दूसरी मंज़िल बन गई। जहां तन-बदन पर फूल खिलते हैं···मेरी कहानी कुछ इस तरह आगे बढ़ी—"तुम आए, और एक दिन पानी का घूंट पीने के बाद दूसरी मंजिल की सीढ़ियों की ओर देखने लगे···यह शायद तन की प्यास के साथ मन की भूख का इशारा था···और ऊपर की सीढ़ी पर कदम रखते हुए

जब तूने दीवार पर हाथ टिका दिया, तो मुझे लगा कि एक कंपन मेरे पहलू से गुज़र गया है···"

यह कहानी औरत की थी, जो इमारत की सूरत अख्तियार कर चुकी थी, इसलिए इमारत की दीवार औरत का कंधा भी हो सकती थी, उसकी बांह या हाथ भी···

और जिस्म की बात, अंगों की गोलाइयों की बात, ऊपर की मंज़िल तक फैली हुई हरी बेलों में, और बेल के फूल-पत्तों में ढलती गई···

बात इमारत की थी, जहां एक कोने में घर का चूल्हा जल रहा था···उस चूल्हे में जलती हुई आग, जिस्म में बढ़ती हुई तपिश का प्रतीक हो गई, और जिसकी लपट का साया उस आने वाले की आंखों में चमकने लगा···

उस वक्त उस औरत और उस मर्द में कुछ संकोच, कुछ झिझक भी नुमायां हुई होगी, उसी का बयान कहानी में नुमायां हुआ, "लकड़ियों से कुछ चिंगारियां उठकर मेरे पैरों के पास आ पड़ीं, पर मैंने उन चिंगारियों को पैरों से मसल दिया···"

चूल्हे पर पकने वाली गर्म रोटी उस औरत उस मर्द के तन की भूख का प्रतीक हो गई, जिसका एक निवाला खाते हुए एक कंपन दोनों के बदन से गुज़र गया···

लेकिन बदन में छुपे हुए कंपन को नज़र से पकड़ना आसान नहीं था, इसलिए एक बदन दूसरे बदन को गले से लगाते हुए जैसे अपना-अपना कंपन छिपाने भी लगा, और एक-दूसरे का कंपन ढूंढ़ने भी लगा···

कहानी में इमारत की बात चलती गई, तो अचानक मुझे उस इमारत का एक तहखाना नज़र आने लगा, जहां जाने क्या-क्या रखा हुआ था···

जो औरत मेरी कहानी की किरदार थी, उसने अपने मुंह से कभी कुछ भी तो नहीं कहा था, शायद इसीलिए कहानी में एक ऐसा तहखाना शामिल हो गया, जिसकी बात करते हुए कहानी आगे बढ़ी, "और जब तू चला गया, मैंने अपनी उम्र का बीसवां साल अपने बदन से उतार कर तहखाने में रख दिया···"

कहानी और आगे बढ़ी, तीसरी मंज़िल की तरफ, जिसमें उस औरत की ज़िन्दगी के वह साल थे, जब उसका मुता-लिआ बढ़ता गया था, डिगरियां बढ़ती गई थीं, और रोटी-रोज़ी की जद्दोजहद के साथ ज़िन्दगी की खामोशी भी बढ़ती गई थी। उस वक्त कहानी के अल्फाज़ हैं, "तुम एक दिन फिर आए, बहुत अरसे के बाद, उस दिन तुम्हारे पैरों में पहली मंज़िल वाला संकोच न था, न दूसरी मंज़िल वाला, तुम सीधा तीसरी मंज़िल पर आ गए, जहां मेरी इन्तज़ार के दिनों जैसी, बंद, ठंडी और खामोश सैकड़ों किताबें थीं···तुम कितनी देर खामोश खड़े रहे, जैसे किताबों में एक और किताब बढ़ गई हो···"

कहानी में उस मर्द की आमद का, दो मंज़िलों से गुज़र कर कुछ निस्संकोच हो जाने पर भी, तीसरी मंज़िल पर पहुंच कर खामोश किताबों में पड़ी हुई एक किताब की तरह हो जाना, मेरी नज़र में एक ऐसी मुलाकात का होना था, जिसका वर्तमान था, पर भविष्य नहीं था···

भविष्य नहीं था, यह भी एक सच्चाई थी, लेकिन वर्तमान था, यह भी एक सच्चाई थी। और वर्तमान की उस सच्चाई को पकड़ने के यत्न में कहानी इन अल्फाज़ में ढल गई, "मैंने कुछ आगे होकर तेरे हाथ को इस तरह छुआ, जैसे हौले-से एक किताब की ज़िल्द को उठाकर उसका पहला वर्क देखा हो···तू हंस-सा दिया, जैसे उस किताब की इबारत होंठों में भर ली हो और तूने मेरे होंठों को इस तरह छुआ, जैसे मेरे होंठों से भरी इबारत को पढ़ना चाहा हो···"

उस वक्त मांस की दीवार औरत के बदन पर से भी गिर जाती है, और मर्द के बदन से भी। और वर्तमान की क्षणभर की सच्चाई उनके उस वस्ल से नुमायां होती है, जब वह दो नदियों के पानी की तरह मिलते हैं···और उनके अहसास उस पानी में हंसों की तरह तैरते हैं···

हसीन पलों में डूबने-उतरने के बाद मेरी कहानी ज़िन्दगी के उस यथार्थ की तरफ लौटती है, जो मैंने उस औरत की ज़िन्दगी में देखा था। कहानी के अल्फाज़ हैं, "नदियां जब सूखती हैं, फिर मिट्टी बन जाती हैं। तुम पास थे, तो मैं नदी थी, तुम चले गए, तो मैं मिट्टी थी—मांस—मिट्टी की औरत।"

लेकिन किसी बदन में से हसीन पलों का गुज़र जाना, एक कयामत का गुज़र जाना होता है, जिनसे किसी औरत की कोख में पलने वाले सपने से इन्कार नहीं हो सकता। मेरी कहानी ने उसी को पकड़ना चाहा, और कहा, "और फिर तुम आना भूल गए। और एक रात मेरी कोख में से रोने की आवाज़ इस तरह आती रही कि मैंने अपनी कोख को और उसमें से उठने वाली किसी के रोने की आवाज़ को अपने बदन से उतार कर तहखाने में रख दिया। सोचा जब कभी तुम आओगे तो मैं तुम्हारा हाथ पकड़ कर तुम्हें तहखाने में ले जाऊंगी···वहां अपनी उम्र से काट कर जो मैंने अपना बीसवां साल रखा हुआ है, और कोख में उठने वाली जो किसी के रोने की आवाज़ रखी हुई है, वह सब दिखाऊंगी···"

और कहानी एक नामुराद इंतज़ार की बात करती है, "तेरे इकरार को मैंने अपने हाथ में फूल की तरह पकड़ा हुआ नहीं था, मैंने उसे अपनी हथेली में बो लिया था। वह कितने ही बरस मेरी हथेली पर खिलता रहा। लेकिन मांस की हथेली आखिर मांस की होती है, मिट्टी की तरह हमेशा जवान नहीं रहती। उसमें सालों की झुर्रियां पड़ जाती हैं, और जब वह बंजर होने लगती है तो उसमें खिला हुआ हर फूल-पत्ता मुरझा जाता है···तेरे इकरार का फूल भी मुरझा गया, और

एक दिन मैंने कांपते हाथों से उस मुरझाए हुए फूल को तहखाने के अंधेरे में रख दिया···"

जिन्होंने दुनिया के मिथक पढ़े हैं, जानते हैं कि यूनान के मिथिहास में आज से हज़ारों साल पहले यूरेनस नाम का एक मर्द हुआ है, जिसने गाया नाम की औरत से मुहब्बत की थी, लेकिन गाया की कोख में से जो बच्चा पैदा होता था, वह उसे धरती के नीचे दफन कर देता था, और गाया को हमेशा धरती से बच्चे के रोने की आवाज़ आती रहती थी···

मैं कहानी लिखती गई तो अचानक तहखाने की बात करते हुए मेरे सामने यूनान का मिथिहास आ गया, और लगा, जैसे मेरी कहानी उसी मिथिहास का एक नया दर्शन है···

कहानी लिखकर एक दिन मैंने अपनी दोस्त उसी औरत को यह कहानी सुनाई, जो मेरी कहानी की किरदार है। पूछा—"आपने कभी कुछ नहीं बताया, लेकिन क्या मैं आपकी ज़िन्दगी की हकीकत को कुछ पकड़ पाई हूं कि नहीं ?" वह हंस दी, सिर्फ इतना ही कहा, "यह कहानी मेरी भी हो सकती है, किसी की भी हो सकती है···"

कहानियां कब कैसे प्रतीक धारण करती हैं, या वह मुअज़ज़े (चमत्कार) होते हैं, जिन्हें अभिव्यक्त करने के लिए किरदार गढ़ लिए जाते हैं, यह कुछ पकड़ में नहीं आता। लेकिन हमारा इतिहास भरा हुआ है, ऐसी प्रतीकातमक कथाओं से। मिसाल के तौर पर एक हवाला देती हूं। हमारे इतिहास में पुरूरवा और उर्वशी की जो कहानी सदियों से चली आ रही है, और जिस पर कई बार नाटक भी खेले गए हैं, वह किरदार हमारी नज़र में इतने हकीकत बन चुके हैं कि पुरूरवा को एक बादशाह के तौर पर ही हम देखते हैं, जिसे एक अप्सरा उर्वशी से प्यार हो जाता है, और वह उसकी जुदाई में व्याकुल होकर राजभवन में तड़पता है।

लेकिन हकीकत यह है कि कुदरत के कुछ तत्त्वों को नुमायां करने के लिए यह किरदार गढ़ लिए गए थे। पुरूरवा कोई बादशाह नहीं है, वह एक खास समय का नाम है। बुध ग्रह कभी भी सूर्य से सत्ताइस अंशों से ज़्यादा दूर नहीं रहता। लेकिन वही जब साढ़े सत्ताइस अंशों पर पहुंचता है तो सूरज की रोशनी उसके दोनों तरफ पड़ती है। उसे 'मद्ध बिन्दु' या 'गर्भ बिन्दु' कहते हैं। धरती जब उस 'मद्ध बिन्दु' को छू लेती है, तो उस काल का नाम पुरूरवा होता है। उसी 'मद्ध बिन्दु' से चंद्र बिन्दु के भ्रमण की दिशा शुरू होती है, और उसी की उत्तर दिशा का नाम 'उर्वशी' है। सत्ताइस अंश उत्तर की तरफ जब चंद्रमा आता है, तो वह समय उर्वशी और पुरूरवा के मिलन का होता है। कुदरत के इन्हीं तत्त्वों के मिलन से राजा पुरूरवा और अप्सरा उर्वशी की रोमांचक कहानी ने जन्म लिया था···

—अक्षर कुण्डली पुस्तक से

आज का सत्य

किसी काल का सत्य, जो पानी की सहज बहती हुई धारा की तरह, सहज मान लिया जा सकता है—वो आने वाले वक्त में भी ऐसा मान लिया जाए, यह नहीं होता···

मेरे सामने एक ऐसा ही वाकया था, और मैं उस व्यक्ति को देखती रह गई थी—जो अपने एक हाथ में उस वाकया के दर्द को लेकर आया था, और दूसरे हाथ में वो मुझ पर एक ऐसा विश्वास लिए आया था कि अपनी दोनों हथेलियां मेरे सामने रखते हुए उसने कहा था कि मैं उसकी ज़िन्दगी के उस वाकये को एक कहानी में उतार दूं।

वह जानता था कि आज के युग में उसका सत्य, सहज नहीं लिया जा सकता लेकिन यह उसके मानसिक तनाव का तकाज़ा था कि वह अपने दर्द को एक दस्तावेज़ की तरह अपने पास चाहता था···

मैं नहीं जानती थी कि मैं उसे लिख पाऊंगी कि नहीं, फिर भी हंसकर पूछा—अगर कहानी लिख पाई तो उसमें आपका सही नाम नहीं होगा—फिर आप कैसे एक नए नाम की छाया में अपने को देख पाएंगे ?

उसके लिए अजीब स्थिति थी—उसे कहानी में अपना सही परिचय भी नहीं देना था—और एक नए नाम की छाया भी उसे मंजूर नहीं थी। इसी मुश्किल में से उसने एक रास्ता खोज लिया—अपना आधा-सा नाम मेरे सामने रखा, और कहा —इससे लोगों की नज़र में मेरी पहचान नहीं आएगी, लेकिन मेरे लिए यह मेरा आधा-सा नाम—मेरे पूरे नाम से भी ज़्यादा 'मेरा' हो जाएगा···

नाम की मुश्क़िल तो बड़ी मुश्किल नहीं थी, एक रास्ता मिल गया था, अब मुश्किल उसके लिए नहीं थी—मेरे लिए थी, कि मैं उसे किस पहलू से लिखूं कि वो हकीकत आज के काल में बहुत नहीं, तो कुछ हद तक सहज मन से ली जा सके।

और फिर प्राचीनकाल ने किस तरह मेरी मदद की, बात को अपनी ओट में ले लिया, और मैं वो कहानी लिख पाई, यह सब कहानी के अक्षर-अक्षर से देखा जा सकता है। वह कहानी थी—"और नदी बहती रही।"

और नदी बहती रही

एक घटना थी—जो नदी के पानी में बहती हुई किसी उस युग के किनारे के पास आकर खड़ी हो गई, जहां एक घने जंगल में वेदव्यास तप कर रहे थे···

समाधि की लीनता टूटी तो सामने रानी सत्यवती उदास पर दिव्य सुन्दरी के रूप में खड़ी हुई थी।

वृक्ष के पत्तों की तरह झुककर वेदव्यास ने प्रणाम किया, कहा—मेरी शाश्वत सुन्दरी मां ! आज उदासी का यह वेश क्यों ?

माँ ने ऋषिपुत्र को मोह से भरी छाती से लगाया, कहा—तुम ऋषि कुल से हो, तुम मोह की पीड़ा नहीं जानते। राज का दर्द मैंने राजा शान्तनु से पाया और उसके राज्य की रक्षा के लिए मैंने जिस कोख से तुम्हें जन्म दिया, उसी कोख से राजा शान्तनु के दो पुत्रों को जन्म दिया। पर एक मेरा राजकुमार युद्ध में मारा गया, और दूसरा, दो रानियों को रोती छोड़कर क्षय से मर गया।

वृक्ष के सारे पत्ते जैसे कुम्हला कर वेदव्यास के तापस चेहरे की ओर देखने लगे···

रानी सत्यवती का मन गंगा की निर्मल लहरों की तरह बहने लगा, उसने कहा—महर्षि पाराशर ने गंगा के पानी की तरह मुझे अंग से लगाया था, तुम उसी पानी का मोती हो, जलथल में क्रीड़ा करते हो, जंगल, वन और बीहड़ तुम्हारे अधीन हैं, तुम ताज में जड़े मोती का दर्द नहीं जानते।

वृक्ष के हरे रंग की तरह वेदव्यास के होंठ मुस्कराये—मैं राज्य का दर्द नहीं जानता, पर मां का दर्द जानता हूं।···

सत्यवती वृक्ष से लिपटी हुई बेल की तरह झूम गई, बोली—ताज के मोती को तख्त का वारिस चाहिए। मेरी दोनों बहुएं आज विधवा हैं, आज मैं उनके लिए तुम्हारे पास पुत्र-दान मांगने आई हूं।

वेदव्यास ने सिर के ऊपर फैले हुए वृक्ष की ओर देखा, और सारा वृक्ष जैसे खिल-सिमट कर धरती की छाती में पड़े हुए अपने बीज की ओर देखने लगा···

ऋषि के होंठ हंस पड़े, कहा—यह मां का हुक्म और धरती का हुक्म पूरा होगा।···

और वेदव्यास ने वचन पूरा किया—अंबिका और अंबालिका दोनों को एक-एक पुत्र का दान दिया···

नदी का पानी बच्चों की किलकारी की तरह हंसता हुआ जब फिर बहने लगा तो वही घटना युगों से गुज़रती हुई कलियुग के एक किनारे के पास खड़ी हो गई—वहां, जहां बलदेव का साधारण-सा घर था, जहां उसकी मेज़ पर पड़ी हुई किताबों में सिर्फ महाभारत के पर्व नहीं थे, कामू भी था, काफ्का भी था, पास्तरनाक भी···

और उसके सामने उसका मित्र काशीनाथ वृक्ष के एक टूटे हुए पत्ते की तरह खड़ा था, बोला—जो दान मुझे ईश्वर न दे सका, न किसी वैद्य की दवा, वह दान

मैं तुमसे मांगने आया हूं···एक पुत्र का दान···

सिर के ऊपर कोई वृक्ष नहीं था, पर बलदेव के कानों में वृक्ष के पत्तों की शां-शां भर गई···

काशीनाथ कह रहा था—मेरी औरत के निरोग तन को एक मर्द के रोगी तन का शाप लगा हुआ है···मेरे मित्र ! बस यह शाप एक घड़ी के लिए उतार दो···

बलदेव का सारा बदन वृक्ष की जड़ की तरह हो गया···

काशीनाथ एक रुलते हुए पत्ते की तरह उड़कर जैसे उसके पांवों के पास आ गिरा—यह भेद सिर्फ मैं जानूं, तुम जानो, और वह जानेगी, और कोई नहीं···कोई नहीं···बलदेव के वृक्ष की जड़ की तरह हो गए बदन में से एक संकल्प प्रस्फुटित हुआ—यह शायद इतिहास का हुक्म है, मैं शायद एक वेदव्यास हूं, एक ऋषि···

और वही युगों की घटना फिर घटी—टूटे हुए पत्तों के घर फूलों का वंश चला···

काशीनाथ के घर पुत्र जन्मा···रिश्तेदारों-सम्बन्धियों के मुंह बधाइयों से भर गए, और जब बलदेव ने पालने में पड़े हुए बच्चे को झुककर देखा···उसके होंठ वेदव्यास के होंठों की तरह बन्द हो गए ।

नहीं, नहीं, मैं वेदव्यास नहीं हूं, बलदेव की अपनी ही चीख जैसी आवाज़ से उसकी नींद टूट गई···

चारपाई के पास तिपाई पर अभी तक रात की बची हुई ह्विस्की पड़ी हुई थी । उसने कांपते हुए हाथों से गिलास में ह्विस्की डाली, और एक घूंट में पी गया, बौराया हुआ-सा बोलने लगा—तुम देव-पुत्र थे वेदव्यास, तुम मानव-पुत्र नहीं थे···

बलदेव की कल्पना उसे सदियों से दूर एक जंगल में ले गई और वह जंगल में विलाप की तरह बोला—ऋषिराज ! तुम्हारे पास समाधि, निरी समाधि, पर मेरे पास सपने हैं, बहुत सारे सपने···

बलदेव के बोल छाती में से उठ-उठकर पेड़ों से टकराते रहे—देखो ऋषिपुत्र, मेरी ओर देखो । यह देखो मेरी अंबिका—तुम्हें तो अपनी अंबिका की दूसरे दिन पहचान भी नहीं रही थी, पर देखो, यह मेरी परछाईं नहीं, मेरी अंबिका है, मैं जहां जाता हूं मेरे साथ जाती है···

और बलदेव ज़ोर से हंसा—देखो ऋषिपुत्र, तुम्हारी कोई परछाईं नहीं है । लोग सच कहते हैं कि देवताओं के परछाईं नहीं होती । पर इन्सान को तो परछाईं का शाप होता है···देखो मेरी परछाईं, मुझसे भी बड़ी···

फिर बलदेव की आवाज़ अति-की-खामोशी से टकराकर बुझ-सी गई—

तुम्हारी समाधि टूट गई थी, जब सत्यवती ने आवाज़ दी थी, पर मेरी आवाज़ से नहीं टूटती। क्यों नहीं टूटती? तुमने अंबिका की गोदी में खेलता हुआ अपना पुत्र कभी अपनी बांहों में उठाकर नहीं देखा, मैंने देखा है उसे, बांहों में उठाकर, गले से लगाकर···और तुम नहीं जानते, फिर उसे अपने गले से हटाना, अपने मांस से मांस के टुकड़े को तोड़ने जैसा होता है···

बलदेव का सारा शरीर, शरीर में बहते हुए लहू में भीग गया—तुमने कभी लहू की गन्ध नहीं देखी, ऋषिपुत्र! आदमी के लहू की एक गन्ध भी होती है—जब वह धुर मन तक जखमी हो जाता है···और लहू की एक सुगन्ध भी होती है जब बच्चे के कोमल नरम होंठ हंसते हैं तब अपने ही शरीर में से लहू की एक सुगन्ध उठती है···

और एक और तीखी सुगन्ध बलदेव के माथे की नसों में फैल गई और वह अर्द्ध चेतना में बोला—मेरी अंबिका के शरीर की सुगन्ध चाहे कहीं चली जाय, मैं उसे ढूंढ़ सकता हूं···उसकी कांपती हुई सांसें यहां मेरे कन्धे के पास, मेरी बांहों के पास, मेरी गर्दन के पास पड़ी हुई हैं। एक अमानत की तरह पड़ी हुई हैं—और देखो, मेरे भीतर भी·· मैंने उसके होंठों से पूरी एक घूंट पी थी···

बलदेव के माथे की एक नस चीस की तरह कस गई और वह निचले होंठ को दांतों में लेकर कह उठा—ऋषिपुत्र! तुम सिर्फ देना जानते थे, तुम्हें कुछ भी लेने की, कुछ भी अंगीकार करने की पहचान न थी, मैंने वह पहचान पाई है। मैं जब अपनी अंबिका के जिस्म की तहों में उतर गया था, वह तहें मुझे लेकर एक मुट्ठी की तरह बन्द हो गई थीं— और फिर जब फूल की पंखुड़ियों की तरह खुली थीं, मैं वापस लौटते हुए उनकी गन्ध अपने साथ ले आया था···वह सिर्फ कुछ देने का नहीं, कुछ लेने का पल भी था। मैंने वह पल देखा है ऋषिपुत्र! तुमने नहीं देखा। देना दर्द नहीं होता, लेना एक दर्द होता है, तुम वह दर्द नहीं जानते मेरे ऋषिराज!···

इर्द-गिर्द सब शान्त था—इर्द-गिर्द भी, दूर तक भी—जहां तक बलदेव को ज़िन्दगी के बाकी रहते बरसों का भविष्य दिखाई दे सकता था वहां तक एक अंतहीन चुप! एक खामोश अंधेरा! पर बलदेव अंधेरे में पड़े हुए अंधेरे के एक टुकड़े की तरह गाढ़ा होकर अपने अंगों में सिमट गया। उसके होंठ कुछ इस तरह हिलते रहे जैसे अंधेरे की तहें हिलती हों—वह मेरे पास आग की एक चिनगारी लेने के लिए आई थी, मुझे उस चिनगारी के लिए जलना था, मैं जला था, पर यह नहीं जानता था—शायद वह भी नहीं जानती थी—चिनगारी को धारण करने के लिए उसे भी आग के शाप से गुज़रना पड़ेगा—आग उसे भी छू गई थी, तब वह कांप गई थी···वह सारी की सारी मुझ में सिमट गई थी जैसे वह अपनी लपट से शरमा गई हो···और अब मेरी इस राख में वह भी जलबुझकर अपनी राख को मिला गई है···देखो ऋषिराज!

चेतना के अंधेरे में एक आकार-सा उभरा—कोई पत्थर की मूर्ति जैसा, शायद समय से सचमुच पत्थर हो चुका, या अभी भी जीवित और तपस्या में लीन बैठा हुआ···बलदेव ने अंधेरे में बांह फैलाई, नीचे, ज़मीन को टटोलकर उसके पैरों को छूने के लिए, और कांपती हुई बांह की तरह उसकी आवाज़ कांपी—मैं भूल गया ऋषिराज ! मैंने आदम-पुत्र होकर तुम्हारी रीस की थी···मैंने एक पल तुम बनकर देखा, सिर्फ एक पल···मैंने जैसे एक पल के लिए तुम्हारा आसन चुरा लिया, पर मैं तुम नहीं हो सकता···तुम अपने जंगल में अभी भी निश्चल बैठे हुए हो···मैं अपने जंगल में भटक रहा हूं···मुझे सिर्फ देने का वरदान नहीं मिला है, लेने का शाप भी मिला है···मैं अपनी अम्बिका को अपने पास चाहता हूं···अपना बच्चा भी···देखो ! मेरी आंखें सिर्फ मेरे मुंह पर नहीं, मेरी पीठ पर भी हैं—वह पीछे दूर वहां देख रही हैं जहां मेरी अंबिका मेरे पास थी, मेरे पहलू से सटी हुई—और मैं उसकी कोख में उग रहा था···

बलदेव की अर्द्धचेतना फिर नींद का झोंका बन गई तो कमरे की खामोशी ने एक चैन की सांस ली।

सिर्फ खिड़की में से आते हुए हवा के झोंकों से मेज़ पर पड़ी हुई किताबों के कुछ पन्ने इस तरह हिल रहे थे जैसे महाभारत के किसी पर्व का पृष्ठ उठकर कामू के 'आउटसाइडर' से कुछ कह रहा हो, या पास्तरनाक का 'जीवागो' आंखें मलता हुआ महर्षि पाराशर से मत्स्यगन्धा के योजनगन्धा बनने का भेद पूछ रहा हो···

अचानक कमरे की खामोशी चौंककर बलदेव की ओर देखने लगी, वह तड़पकर बिस्तर से उठते हुए कह रहा था—यह कैसा शाप है, वेदव्यास ! जब भी सोता हूं, आग की तरह जलने लगता हूं, मैं भी, मेरी अंबिका भी—और जब भी जागता हूं, राख का एक ढेर बन जाता हूं···बताओ, मेरा बच्चा बड़ा होकर इस राख में से अपना वंश कैसे ढूंढ़ेगा ?

और नदी उसी तरह बहती रही···सिर्फ उसके पानी ने कुछ उदास होकर देखा कि वह घटना राख बनकर परले किनारे पर पड़ी हुई है···

जलते हुए अक्षर

मैंने आसमान से एक तारा टूटते हुए देखा है···

बहुत तेजी से, आसमान के ज़िहन में एक जलती हुई लकीर खेंचता हुआ···

लोग कहते हैं तो सच ही कहते होंगे कि उन्होंने कई बार टूटे हुए तारों की गर्म राख ज़मीन पर गिरते देखी है···

मैंने भी उस तारे की गर्म राख अपने दिल के आंगन में बरसती हुई देखी है··

जिस तरह और तारों के नाम होते हैं, उसी तरह, जो तारा मैंने टूटते देखा, उसका भी एक नाम था—सारा शगुफ्ता।

उस तारे के टूटते समय आसमान के ज़िहन में जो एक लम्बी और जलती हुई लकीर खिंच गई थी, वह लकीर सारा शगुफ्ता की नज़्म थी···

नज़्म ज़मीन पर गिरी, तो खुदा जाने, उसके कितने टुकड़े हवा में खो गए। लेकिन जो राख मैंने हाथ से छूकर देखी थी, उसमें कितने ही जलते हुए अक्षर थे, जो मैंने उठा-उठाकर कागज़ों पर रख लिए···

नहीं जानती, खुदा ने इन कागज़ों को ऐसा शाप क्यूं दिया है कि आप उन पर कितने ही जलते हुए अक्षर रख दें, वह कागज़ नहीं जलते···

जिन लोगों के पास अहसास है, जलते हुए अक्षरों को पढ़ते हुए, उनके अहसास सुलगने लगते हैं, पर कोई कागज़ नहीं जलता···

शायद यह शाप नहीं है···है भी, तो इसे शाप नहीं कहना चाहिए। अगर ऐसा नहीं होता, तो खुदा जाने दुनिया की कितनी किताबें अपने अक्षरों की आग से जल गई होतीं···

मोना बाज़ार

सारा की नज़्म के कुछ लफ्ज़ हवा में खड़े थे—

इ··ज़··ज़···त की ब···हु···त कि···स···में हैं···

और वह लफ्ज़ जिस तरफ देख रहे थे, वहां एक बहुत लम्बा बाज़ार दिखाई दे रहा था, सदियों तक लम्बा···

वहां तरह-तरह के लोग नज़र आ रहे थे—मर्द भी, औरतें भी···उनके पहरन से लगता था—कि हर पहरन की वज़ह कतह, कढ़ाई-सिलाई और रंग अलग-अलग सदियों के हैं···

कुछ दुकानों पर नज़र गई, मैंने देखा—तरह-तरह के ज़ेवरात भी बिक रहे थे, सुनहरी ताबूत भी, रेशम के कफन भी। और वहां हाथों की मेंहदी, मांग का सिन्दूर और किनारीवाले घूंघट भी बिक रहे थे···

और पूरे बाज़ार में, सारा की नज़्म के टुकड़े हवा की तरह लहर रहे थे—

इज़्ज़त की बहुत किस्में हैं—घूंघट, थप्पड़ और गंदम···
इज़्ज़त का सबसे छोटा और सबसे बड़ा—हवाला, औरत है···
घर से लेकर फुटपाथ तक हमारा कुछ भी नहीं
इज़्ज़त हमारे गुज़ारे की बात है···

बाज़ार में कभी-कभी एक चीख उभरती थी, लेकिन फिर एक हंसी की कब्र में

उतर जाती थी···और कभी-कभी हर आवाज़ पर एक सन्नाटा तारी हो जाता था···

यही सन्नाटे का आलम था, कि सारा की नज़्म के कितने ही टुकड़े मेरे कानों से टकराने लगे—

इज्ज़त के नेज़े पर हमें दागा जाता है···
और इज्ज़त की कनी हमारी ज़ुबान से शुरू होती है···············
कोई रात को हमारा नमक चख ले
तो एक उम्र हमें बेज़ायका रोटी कहा जाता है ·············
औरत ! तुम डर में बच्चे जनती हो
इसलिए आज तुम्हारी कोई नसल नहीं
इसलिए तुम ज़िस्म के एक बंद से पुकारी जाती हो···
तुम्हारी हैसियत में एक चाल रख दी गई है
एक खूबसूरत चाल
एक जूठी मुस्कुराहट तुम्हारे लबों पर तराश दी गई है
तुम सदियों से नहीं हंसीं, तुम सदियों से नहीं रोईं
क्या मां ऐसी होती है कि मकबरे की सजावट कहलवाए ?
तुम्हारा नमक क्या हुआ !·········
औरत तो कभी शहीद नहीं हुई
तुम कौन-सी नमाज़ पढ़ रही हो ?·········
तुम्हारे बच्चे आज तुमसे ज़िद नहीं करते
तुमसे जनाह करते हैं
तुम किस कुन्बे की मां हो ?
जनाह—बा उल जबर की ?
कैद की ?
बेटों के बटे हुए ज़िस्म की ?
और ईंटों में चुनी हुई बेटियों की ?·········
बाज़ारों में तेरी बेटियां···
अपने लहू से भूक गूंधती हैं
और अपना गोश्त खाती हैं············

इस मीना बाज़ार से, जिस एक भोली लड़की ने एक दिन इज़्ज़त के नाम पर शादी का जोड़ा और एक घूंघट खरीदा था, सारा ने बाद में मुझे उस लड़की की दास्तान लिखी···

दास्तान लिखने तक, वह भोली लड़की कुछ बच्चों की मां बन चुकी थी—सारा की मां भी···

मां की रोटी पकाने की आवाज़ से मेरे ज़िस्म में भूक शामिल होती गई···

मैंने धरती पर दाने भूनने की लैय से चलना सीखा···

और आग का रंग मेरे लिबास पर रहने लगा···

मैं ज़मीन कुछ यूं देखती कि शायद चवन्नी या इकन्नी पाऊं तो मैं इमली को चटखारे सिखलाऊं···

बाप की तरंग एक दूसरी औरत निकली, और बाप की तो बारात निकल गई···

हर्ज़ सिर्फ इतना हुआ कि मैं मां को अक्सर परेशानी में पाने लगी। वह पगली समझती थी, पनघट पे रस्सी जल जाती है, हालांकि ऐसा कभी नहीं हुआ। ज़िन्दगी तो एक रास्ता है, ऐसा रास्ता कि हर मुसाफिर की थकान जानी जाती है···

लेकिन शायद एक बात भूल रही हूं कि उसी एक पनघट पर मेरी मां और मेरे बाप ने इकट्ठे चलने का अहद किया था। और मेरी मां घरवालों को बताए बगैर चुपके से अपने रांझे के साथ हो चली थी···

और अब रांझा दूसरी शादी कर चुका था···

इसीलिए मां कई बार हमें बारी-बारी से देखती···

मैं खामोशी से कहती—मां, वह तो कैदी था, तेरा असल रांझा तो तेरे पास अभी आया ही नहीं···

लेकिन मां की मां ने सिर्फ रुकना सीखा था, इसलिए बच्चों को अपनी भूक में शामिल कर लिया था··

अब अकसर चूल्हे में आग को चाटने के लिए कुछ ना मिलता, और हमारे घर में आग प्यासी होती चली गई···

आग से ज़्यादा मां के आंसू गिनती, और आंखों को खामोश करती रहती। सो वह बर्तन भी बिकने लगे, जिन पर मेरे बाप का नाम खुदा हुआ था···

जो पकता, मां बड़े प्यार से हमें खिलाती, और कभी-कभार उस औरत को कोसती रहती, जिसको मेरे बाप ने हमारे बर्तनों पर लागू कर दिया था।

बड़ा भाई—जिसे पहलोठी की आंख कहते हैं, नवीं में पढ़ रहा था। कभी-कभार पोस्टमैन मनीआर्डर दे जाता और जब इंतज़ार तलाशी लेने लगता, मां सोचती ही रहती···

एक दिन मां दोहरे नकाब में छिपी घर से निकली, और फूल पिरोने वालों का दुःख लेकर आ गई···

हम सब बहन-भाई फूल पिरोया करते। मैं फूल पिरोते हुए सोचती—फूल की तनज़ीम में सूई शामिल होती है···

और मैं जान गई कि फूल कई रंगों में क्यूं होते हैं। और हर जज़्बे मे ज़ब्त की धज्जी क्यूं लगती है···

फूल पिरोने से भी पेट की आग ठंडी न होती···

एक रोज़ पड़ोसिन ने मां से कहा—कब तक चूल्हा नहीं दहकेगा ? मैं ज़काह के पैसे सारे मुहल्ले से इकट्ठे करके लाई हूं···

मां ने बच्चों की तरफ देखा, तो छोटी बहन अचानक बोली—अम्मी, ले लो ना पैसे, मेरा यूनीफार्म बन जाएगा···और फिर सारे बच्चों की फरमाइश···

मैं जु चारपाई पर औंधी लेटी थी, देखा तो मां के हाथ में नोट थे, और वह औरत जा चुकी थी।

अब मां रोटी पकाने लगी, तो हम सब बच्चे चूल्हे के इर्द-गिर्द बैठ गए और अपनी-अपनी बारी का इंतज़ार करने लगे···

मैं मां से हमेशा आधी रोटी और आखरी रोटी मांगती।

मैं आग को गौर से देखती—अच्छा तो यह भी ज़र्द रंग के फूल पिरो रही है···

मैं अक्सर छुपी-छुपी दुआ मांगती—अल्लाह करे ! आज फूलों वाला ना आए···

क्योंकि मेरे पोरों पर सूई से निशान पड़ जाते थे···दुआ कबूल हुई, फूलों वाला नहीं आया। बहन-भाइयों के चेहरों पर ज़र्द, सुर्ख, सफेद और लाल रंग की हंसी थी। और मां शायद हमें देखकर अपनी रातें याद कर रही थी···

मैं चूहे की ख्वाहिश ओढ़े, चुपके-चुपके चूं-चूं कर रही थी और भूक की थूथनी इन्सान से छुपी फिर रही थी···

मैंने दीवार से अटकी अलमारी के पट खोले और सूखे टुकड़े दोनों मुट्ठियों में भर लिए। कटर-कटर की आवाज़ से लिहाफ में दुबके मेरे बहन-भाई अपनी खामोश आवाज़ से बाहर निकले और मुझे रोटी की तरह देखने लगे···

"मैं सारे टुकड़े उठा लाई, और इन्सान के बिल में रोटी रख दी···" मुझे लगा—ज़र्द रंग के फूलों की हैरत, उस हैरत से मिलती-जुलती थी, जिसका ज़िक्र सारा ने मेरे साथ अपनी मुलाकात में किया था—

मैं—मां बनने के बाद भी कुंवारी हुई,
और मेरी मां भी कुंवारी हुई···
अब तुम कुंवारी मां की हैरत हो···

इस 'तुम' लफ्ज़ में सारा जिन्हें मुखातिब हुई—उनमें वह लोग भी थे, जिन्होंने इज्ज़त के नाम पर मीना बाज़ार से सारा के लिए घूंघट खरीदे, और सारा ने सब घूंघट उतार दिए···

सारा ने देखा कि पूरा मीना बाज़ार हैरत में आ गया···लेकिन—उस वक्त सारा शायद यह नहीं जानती थी कि एक दिन उसकी नज़्मों को पढ़ता हुआ वक्त हैरत में आ जाएगा···

शायरी के इतिहास में सारा की नज़्में एक कुंवारी मां की हैरत हैं···

चिंगारियों का मुकद्दर

सारा का पहला खत जो मुझे मिला, 1980 में, उस पर 16 सितम्बर की तारीख थी। लिखा था—

अमृता बाजी ! मेरे तमाम सूरज आपके।

मेरे परिन्दों की शाम भी चुरा ली गई है। आज दुःख भी रूठ गया है। कहते हैं—फ़ैसले कभी फ़ासलों के सुपर्द मत करना !

मैंने तो फ़ासला आज तक नहीं देखा···
यह कैसी आवाज़ें हैं ! जैसे रात जले कपड़ों में घूम रही हैं···
जैसे क़ब्र पर कोई आंखें रख गया हो !
मैं दीवार के करीब मीलों चली, और इन्सानों से आज़ाद हो गई···
मेरा नाम कोई नहीं जानता···दुश्मन इतने वसीह क्यूं हो गए !
मैं औरत—अपने चांद में आसमान का पैबन्द क्यूं लगाऊं !
मील पत्थर ने किसका इन्तज़ार किया !
औरत रात में रच गई है अमृता बाजी !
आख़िर खुदा अपने मन में क्यूं नहीं रहता !
आग पूरे बदन को छू गई है
संगे मील, मीलों चलता है और साकत है···
मैं अपनी आग में एक चांद रखती हूं
और नंगी आंख से मर्द कमाती हूं
लेकिन मेरी रात मुझसे पहले जाग गई है
मैं आसमान बेचकर चांद नहीं कमाती···
....

खत हाथ में पकड़ा रह गया···खत उर्दू में था, और मैं आसानी से पढ़ नहीं पा रही थी, इसलिए इमरोज़ की मदद से पढ़ रही थी···मैंने खत पर हाथ रख दिया, इमरोज़ से कहा—ठहरो और नहीं···

और वह लड़की—जो कह रही थी 'मैं आसमान बेचकर चांद नहीं कमाती'—मेरी रगों में उतरने लगी—

लगा—आसमान-फरोशों की इस दुनिया में यह सारा नाम की लड़की कहां से आ गई ? आ गई है, तो इस दुनिया में कैसे जीएगी ? चाहा इसे दिल में छिपा लूं···

इमरोज़ ने आहिस्ता से मेरे हाथ को सरका दिया, और खत पढ़ने लगे—

"कदम-कदम पर घूंघट की फरमाइश है, लेकिन मेरे नज़दीक शर्म एक अन्धेरा है···"

याद आया—सारा की एक नज़्म में ठीक इसी अन्धेरे की तफसील है "शर्म क्या होती है औरत ! शर्म मरी हुई गैरत होती है।"

इमरोज़ खत पढ़ रहे थे—

जिस्म के इलावा मैं शेअर भी कहती हूं। शहवत में मरे हुए लोग मुझे दाद देते हैं तो मेरे गुनाह जल उठते हैं।

धूप में आग लगी, कपड़े कहां सुखाऊं ! चिंगारियों के मुकद्दर में आग ज़रूर लगती है···

अमृता बाजी ! दिल बहुत उदास है, सो आपसे बातें कर लीं। आजकल मेरे पास दीवारें हैं, और वक्त है। हमने तो आपकी मुहब्बत में किनारे गंवा दिए, और समन्दर की हामी भर ली···

मौसम की कैद में मेरा लिबास क्यूं रहे ! मैं सदियों की मां हूं। मेरी रात में दाग़ सिर्फ चांद का है···

आंखें मुझे क्यूं नापती हैं ? क्या इन्सान के ज़िस्म में ही सारे राज़ रह गए ?

दुआ ज़हर हो जाए तो खुदावंद के यहां बेटा होता है, और मेरे दुःख पर खुदावंद ने कहा कि मैं तनहा हूं !

मिट्टी बोली लगाती है मौसम की। सच्च है क़ायनात के खातमे पर जो चीज़ रह जाएगी, वह सिर्फ वक्त होगा।

मैं अपने रब का ख्याल हूं, और मरी हुई हूं···

मैंने तड़पकर खत को एक तरफ रख दिया। और जिस तरह तड़पकर कभी अपने को कहा करती हूं—"आओ अमृता ! मेरे पास आओ !"—उसी तरह कहा—"आओ सारा ! मेरे पास आओ !"

उस वक्त सारा की एक नज़्म कागज़ से उतरकर मेरे ज़िहन में सुलगने लगी—

अभी औरत ने सिर्फ रोना ही सीखा है
अभी पेड़ों ने फूलों की मक्कारी ही सीखी है
अभी किनारों ने सिर्फ समन्दर को लूटना ही सीखा है
औरत अपने आंसुओं से वुज़ू कर लेती है
मेरे लफ्ज़ों ने कभी वुज़ू नहीं किया
और रात खुदा ने मुझे सलाम किया···

और उस वक्त मेरे मुंह से निकला—देखो सारा ! आज खुदा से मिलकर मैं तुम्हें सलाम कहती हूं !

—**एक थी सारा** पुस्तक से

कविता

ये कविताएं

कविताओं का अनुवाद कर पाना बहुत मुश्किल है। मैं उन सबको धन्यवाद देती हूं—जिन्होंने वक्त-वक्त पर मेरी कविताओं का हिन्दी में अनुवाद किया और दो पुस्तकें प्रकाशित हुईं—'धूप का टुकड़ा', 'कागज़ और कैनवस'। उन पुस्तकों से फिर 'चुनी हुई कविताएं' और 'प्रतिनिधि कविताए' दो संग्रह भी प्रकाशित हुए। लेकिन जब बाद के वर्षों में अपनी नई कविताओं का अनुवाद मैंने खुद किया, तो कुछ ऐसी तसल्ली का अहसास हुआ, जो पहले नहीं हुआ था। वही नई कविताएं इस संग्रह में दे रही हूं—

दर्शक

मैं— उस क्षण की दर्शक हूं···
जब सूरज की एक किरण को
अचानक एक ख्याल आया
और मैंने—
कास्मिक—धूल को छिटका दिया
कर्म—धूल को माथे से लगाया
मैं—उस क्षण की दर्शक हूं···

वो कर्म-धूल का एक कण था
जो कण का रिश्ता खोजने निकला
तो एक गहरा संकल्प बनकर
वो मांस की एक कोख में आया
मैं—उस क्षण की दर्शक हूं···

एक किरण से टूटा किरण का टुकड़ा
उस कोख के अंधेरे में बो दिया

और तभी बीज गाथा कहने के लिए
एक नक्षत्र आकाश पर आया
मैं—उस क्षण की दर्शक हूं···

यह तारा अपहरण की गाथा
न चांद जाने न बृहस्पति जाने
काया को मैंने दर्द का तिलक किया
दर्द, जो छाती से उठा और होंठों पै आया
मैं—उस क्षण की दर्शक हूं···

खामोशी का पेड़

नहीं, इस खामोशी के पेड़ से
यह अक्षर नहीं तोड़े
यह तो जो पेड़ पर से झड़े थे
मैं वही अक्षर चुनती रही···

नहीं—आपसे या किसी से
मैं कुछ नहीं कहती
यह तो जो ख़ून में से बोले हैं
मैं वही हरुफ़ सुनती रही···

एक बिजली की लंबी लकीर थी
छाती से गुज़री थी
यह तो कुछ उसी के टुकड़े
मैं अंग़ुलियों पर गिनती रही···

और चांद ने चर्खे पर बैठकर
बादल की रुई काती
यह तो कुछ वही धागे हैं
मैं खड्डी पर बुनती रही··

नहीं—इस खामोशी के पेड़ से
यह अक्षर नहीं तोड़े
यह तो जो पेड़ पर से झड़े थे
मैं वही अक्षर चुनती रही···

यात्रा

कल रात—
मैं अचेतन मन के खंडरात में गई थी···
देखा—कुछ पल थे, कुछ क्षण
जो शायद कभी हवा में सिसकते से रह गए
और उनके पैर फिर वहीं पत्थर के हो गए···
और उनके साये जाने कब तक कांपते रहे
फिर पत्थरों की पीठ पर काई से जमते रहे···

देखा—कि एक ओर महल का टूटा मीनार था
और एक ओर, एक मठ की टूटी दीवार थी···
मैंने—
जिस पत्थर की काई को—पोरों से छू लिया
वो पहले तो हंस दिया—और फिर वो रो दिया···

खुदाया ! यह कैसी कयामत है !
और मेरी चेतना जो अभी खंडरात से लौटी है
वो थकी सी कहती है—
कि रात, कई जन्मों का रास्ता मैं तय करती रही
और एक ही सांस में—मैं कई काल चलती रही
मैं खुली आंखों से देखती रही—कि कितनी ही देर
उन पत्थरों की काई, मेरे पोरों से झड़ती रही।

प्रजा

मैं द्रविड़ देश की बेटी
द्रविड़ देश से आई हूं···

मैं एक काम-कन्या हूं
मैं एक काल-कन्या हूं
युगों की प्रदक्षिणा करती
अब प्रजा कहलाई हूं
मैं द्रविड़ देश से आई हूं···

मैं महल की सुगन्ध हूं
मन्दिर के हवन का धुआं
और झोपड़ी की भूख हूं
जो दामन में लाई हूं
मैं द्रविड़ देश से आई हूं···

इज्ज़त की लाल चुनरी थी
हतक का स्याह ओढ़न था
यह पहरन बने, उतरन बने
अब अपने में समाई हूं
मैं द्रविड़ देश से आई हूं···

अक्षर

हमारी खामोशी की गली से—
अक्षरों के साए गुज़रते रहे···

मन की पगडण्डी पर चलते हुए
कलमों में कयाम नहीं करते
न स्याहियों की धूप में रुकते
न कागज़ों की छाया में···
हमारी खामोशी की गली से
अक्षरों के साए गुज़रते रहे···

उनकी सूरत पहचानी नहीं जाती
सिर्फ उन्हें कुछ कदम दिखते हैं

जिन्हें अपनी छाती के पते
कुछ याद रह गए···

हमारी खामोशी की गली से
अक्षरों के साए गुज़रते रहे···

अल्लाह को दुहाई

कोई एक बंजारा था—
कन्धों पर गठरी लिए आया
इश्क का नाफा खरीद लिया मैंने
तो बोला—अल्लाह की दुहाई है।

विरह का एक खरल था—
मैं सुरमे सी पिस गई उसमें
तो नील गगन की सुन्दरी—
चुटकी भर माँगने आई है···

तिनकों की मेरी झोंपड़ी
कोई आसन कहाँ बिछाऊँ
कि तेरी याद की चिन्गारी—
मेहमान बन कर आई है।

मेरी आग मुझे मुबारक !
कि आज सूरज मेरे पास आया
और एक कोयला मांग कर उसने
अपनी आग सुलगाई है।

जाने खुदा

जाने खुदा कि रातों को क्या हुआ
वो अन्धेरे में दौड़ती और भागती
चांद का जुगनूं पकड़ने लगीं···

मेरी नींद ने एक पेड़ बोया था
ये किसके हाथ की उंगलियां
अब हज़ार सपने घढ़ने लगीं···

तेरी नज़र ने जब हाथ थाम लिया
तो बातें—एक ही मुलाकात में
उम्र की सीढ़ियां चढ़ने लगीं···

एक सुनार ने दिल की अँगूठी तराश दी
कि अब मेरी तकदीर उसमें
दर्द का मोती जड़ने लगी···

ये जितने भी वेद और किताबें हैं
वो कौन से दिल का पेड़ था—
कि ये कुछ पत्तियाँ-सी झड़ने लगीं···

जब दुनिया के हाथ ने एक सूली गाड़ दी
तो हर मन्सूर की आंखें—
अपने मुकद्दर को पढ़ने लगीं···

औरत

मैं एक छाया थी—छाया हूं
सूरज के संग यात्रा करती रही
सूरज की धूप पीती रही
और धूप की नदी में नहाती रही···
और अपने जिस वजूद को—
अपने वस्त्रों की तरह किनारे पर रखा था
सूरज से भीगे हुए बदन को पोंछकर
मैं वही, अपना वजूद पहन लेती रही···

यह सूरज परीक्षा का समय था
और सूरज की परीक्षा का अन्त नहीं था

छाया की कोख को आदेश था—
कि अपने अंधेरे से वो किरणों को जन्म देगी
पीड़ा को सहन कर लेगी
और छाया की छाती से वो किरणें दूध पी लेंगी···
सूरज ने बहुत दूर जाना था
और बिलखती किरणों को छाया ने खिलाना था
और छाया ने छाया बने रहना था···

वो सूरज परीक्षा का समय मेरा गवाह है
मैं परीक्षा से पार उतरी हूं
और कहानी कही जाती है—
कि मेरे नाम से
हर छाया की गाथा आरम्भ होती है—

जिन्दगी

यह जिन्दगी एक रात थी
कि हम तो जागते रहे—
किस्मत को नींद आ गई···

इस मौत से वाकिफ हैं हम
अक्सर हमारी जिन्दगी—
उसका ज़िक्र करती रही···

आती है अपनी याद सी
जब सामने आकाश में—
है टूटता तारा कोई···

तू नहीं आया

तू नहीं आया···
पेड़ों ने जादू कर दिया

जंगल से आती पवन के
होंठों में शहद भर गया
तू नहीं आया···

दाखों को लाली छू गई
रंगों के उत्सव के लिए
फूलों ने रेशम बुन दिया···
तू नहीं आया···

अम्बर ने जाने क्या कहा
तपती हुई मिट्टी ने भी
रहमत का कतरा पी लिया
तू नहीं आया···

देखो ! यह कैसी रात है
कि जिन्दगी के महल में
विरह का दीया जल रहा
तू नहीं आया···

कर्ज

औरत और मर्द के एक नकद मिलन से
एक उधार के रिश्ते ने जन्म लिया है
और मैं—एक कर्ज़दार
अब उसकी ओर देखे जा रहा···

यह रिश्ता एक बहुत बड़ी रकम है
मैं आत्मा के अन्धेरे में भटकता
किसी दूसरे जन्म का हिसाब खोज रहा···

एक मर्द के जिस्म से अंगार लेकर
एक औरत की कोख के अन्धेरे में जाकर
तूने जो आग की एक काया सी ली है

मैं वो मर्द हूं
गीली लकड़ियों के वंश से
और तूने यह रकम मेरे नाम कर दी है···

मैंने धुंए के महल में रह कर
एक पल जलने का गुनाह कर लिया
और अब बुझी लकड़ी-सा एक कोने में बैठा
तुझे कह रहा—
कि मेरी यह ठण्डे मांस की दुनिया
यहाँ आग को कलीरे नहीं बंधते
और आग के यह फूल आंगन में नहीं खिलते
तेरे से एक लोरी का वायदा है
एक इकरार है
समझ लेना कि बुझी हुई लकड़ी का
एक आग से उधार है···

मर्सिया

आसमान के होंठ कुछ कहते से लगते हैं
अरी धरती ! ज़रा पास होकर सुन ले !
ये जीसस के वही इल्फाज़ हैं
जो उसने कभी सूली से कहे थे···
देखो ! हाथ की मेंहदी किसी ने पोंछ दी
और कलाइयों से कलीरा खोल दिया
यह किसी मिर्जे की वही गाथा है
जो उसके होंठ तीरों से कहते रहे···

एक ज़िक्र था मरुस्थल के दर्द का
कि रुक गया सांसों का चलता काफ़िला
देखो ! एक तारा टूटता-सा दिखता है
शायद कोई मेरा ही मर्सिया लिखता है···

सामने देखो कितने ही पेड़ों की कब्रें हैं
यह फूलों की लाश है, कंधे पै उठा लो
जिस तरह इस कलम ने इश्क को पहरन दिया
देखो ! इसी कफ़न के जिक्र होते रहेंगे···

वन देवता

चन्दन के पेड़ की सीध में
अशोक वाटिका के पीछे
और बोधि वृक्ष के पहलू में
एक भूतवा पेड़ उग आया है···

सांसों की पवन बहती है—
तो प्राणों के कम्पन सी—
उस पेड़ की एक शाख हिलती है—
सांसों की पवन बहती है—
तो जिस तरह एक चिता जलती है
पेड़ से अग्नि निकलती है···
सांसों की पवन बहती है···
तो हर एक फूल की पत्ती
हाथों पे आग मलती है···
सांसों की पवन बहती है···
तो आग जंगल में चलती है···

वन देवता !
यह आग जब चलती है
राहगीरों के साथ मिलती है···
यह अग्नि मृग बनती है
राहगीरों का मन छलती है···
यह अग्नि दूत बनती है
तो शहरों की राह निकलती है···
यह अग्नि बान बनती है
तो ख़ून की एक नदी चलती है

वन देवता !
अब तेरी दुहाई है !
यह भूतवा पेड़ की गाथा
जैसे भी सुनी है, सुनाई है
तुम विश्वकर्मा को सुना दो !
और जिसने देव-अस्त्र घढ़े थे
उसी से एक आरी को ला दो !

वन देवता !
वन देवता !!

21 अक्टूबर

करागुयेवाच*—इतिहास का आइना है···
एक वक्त था—
कि धरती के कागज़ पर
एक शहर की इबारत थी
सैंकड़ों पंक्तियों की नज़्म-सी
और लोग अक्षरों जैसे···
बच्चे पालने में सो रहे
माताओं का दूध पी रहे
आंगन में हंसते हुए
स्कूल में खेलते हुए
इस नज़्म को होंठों में गुनगुनाते
और अर्थों की तरह समझ में आते···

करागुयेवाच—इतिहास का आइना है
और उलटे हुए अक्षरों की तरह
इस पूरे शहर की आबादी
आइने में दिखाई देती है···

* करागुयेवाच बैलग्रेड से कोई एक सौ मील दूर एक शहर है, जिसकी सारी आबादी जर्मन फौजों ने एक दिन में कत्ल की थी, 21 अक्तूबर को।

और जब मधुमास आता है
वो मिट्टी से कुछ कहती-सी लगती है

मेंह बरस बरस जाता है
तो अहसास होता है···
कि शहर के बदन से बहते
खून कों वो धोता है···
और जब पवन बहती है—
तो धीरे से कान में—
मरे हुए वक्त की बात कहती है
सन् इक्तालीस की ··

शहर जो एक नज़्म-सा था
और उसके लोग अक्षरों जैसे···
आज वही अक्षर गोलियों से बिंधे
इस कागज़ के ज़ख्म हैं—

तीन सौ बच्चे—एक स्कूल में बैठे
उठती जवानी की सरसराहट थे
छाती के सपनों सरीखे
भविष्य की एक आहट थे···

करागुयेवाच—इतिहास का आइना है
उस भयानक समय का गवाह
जब छाती का हुस्न मर गया
माथे का इल्म रो दिया
और खुद इन्सान के हाथों—
इन्सानियत का कत्ल हो गया—
करागुयेवाच—इतिहास का आइना है···

शतरंज

अन्धेरे शतरंज खेलने लगे
तो एक फज़र थी जो जीत गई

पूर्व की दिशा एक टहनी थी
वहां किरनों का बौर पड़ने लगा
और धूप का एक टुकड़ा
मेरी छाती की ओर बढ़ने लगा—

किरनों के बाल उलझने लगे
मैं उनके बाल सुलझाने लगी
और रुई के गालों की तरह
मैं बादलों को धुनने लगी···

किसी ने धरती और आसमान
एक कपड़े की तरह फाड़ दिए
किसी राही ने एड़ी झाड़ दी
किसी पंछी ने पंख झाड़ दिए···

मैं नहीं जानती कि रात का समय
अब किस तरह बीतेगा
अंधेरे शतरंज खेलेंगे—और
जाने खुदा अब कौन जीतेगा···

एक नयी 'हां'

ज़िन्दगी को मैंने एक नयी 'हां' कर दी है···
एक 'नांह' थी
सम्भावना के पैरों में—अज़ल से ठुके हुए कील जैसी—
पर 'हां' के अर्थ को वही पहचानता
जो कील के वजूद से एक 'नांह' करनी जानता···
और वही 'नांह' मैंने पैरों से निकाल कर
अपनी हथेलियों पे धर ली है
और ज़िन्दगी को मैंने एक 'हां' कर दी है···

सम्भावना के कदमों से—
यह धरती कुछ मांग रही दिखती है

और आज दायें पैर की एड़ी
उसने राहों पर रख दी है···

यह नाजुक बदन की हकीकत
कि कीलों की नस्ल कांपेगी···
लोहे को लगे जंग-सी मैंने एक मौत पी ली है
और ज़िन्दगी को मैंने एक 'हां' कर दी है···

यात्रा जो 'कहीं नहीं' से शुरू होती है
और उसने 'कहीं नहीं' तक पहुंचना होता
पर एक, सूरज अस्त होने का समय है
और एक—सूरज उदय होने का समय···

यात्रा—जो हर काल में से गुज़रती
किरणें स्वीकारती, अंधेरा नकारती
उसी ने मेरी कलम में एक स्याही भर दी है
और जिन्दगी को मैंने एक 'हां' कर दी है···

कुफ्र

हमने आज ये दुनिया बेची
और एक दीन खरीद के लाए
बात कुफ्र की, की है हमने···

अम्बर की एक पाक सुराही
बादल का एक जाम उठा कर
घूंट चांदनी पी है हमने···

सपनों का एक थान बुना था
गज़ एक कपड़ा फाड़ लिया
और उमर की चोली सी है हमने···

अपना इसमें कुछ भी नहीं है
मांग के अपनी मौत के हाथों
ये जो ज़िन्दगी ली है हमने···

हमने आज से दुनिया बेची
और एक दीन खरीद के लाए
बात कुफ़्र की, की है हमने···

अल्लाह

अल्लाह ! यह कौन आया है
कि तेरी जगह जुबान पर
अब उसका नाम आया है···

अल्लाह ! यह कौन आया है
कि लोग कहते हैं···
मेरी तकदीर के घर से
मेरा पैगाम आया है···

अल्लाह ! यह कौन आया है
धरती की खुशनसीबी
कि उसके हुस्न को
अल्लाह का सलाम आया है···

अल्लाह ! यह कौन आया है
यह दिन मुबारक है—
कि मेरी जात पर
इश्क का इल्ज़ाम आया है···

अल्लाह ! यह कौन आया है···
कि नज़र भी हैरान है
कि आज मेरी राह में
यह कैसा मुकाम आया है···

अल्लाह ! यह कौन आया है
कि तेरी जगह ज़ुबान पर
अब उसका नाम आया है···

वाह सज्जन

सच तू, सपना भी तू
ग़ैर तू, अपना भी तू—वाह सज्जन।

खुदा का इक अन्दाज़ तू
कि फज्र की नमाज़ तू
आज का इन्कार तू
अज़ल का इकरार तू···

फानी हुस्न का नाज़ तू
रूह की एक आवाज़ तू
योग की इक राह भी तू
इश्क की दरगाह भी तू···

आशिक की इक सदा भी तू
अल्लाह की इक रज़ा भी तू
यह सारी कायनात तू
खुदा की मुलाकात तू
सच तू, सपना भी तू
ग़ैर तू, अपना भी तू—वाह सज्जन !

द्रौपदी

मैं जन्म जन्म की द्रौपदी—
मैं पांच तत्व की काया
पांच तत्व से ब्याही हूं···

किसी जन्म में यही द्रौपदी
जूए की वस्तु-सी हुई
राज सभा में आई थी···
इस जन्म में वही कौरव
वही चेहरे—वही मोहरे
वही बिसात बिछाई है···
मैं वही पांच तत्व की काया
मैं वही नारी द्रौपदी
अब जूआ खेलने आई हू···
पूरा समाज कौरवों ने जीत लिया
और नया दांव खेलने लगे···
तो पूरी सियासत दाव पर लगा दी
मैं एक हाथ से समाज हार गई
दूसरे हाथ से सियासत हार गई
पर कौरव दुहाई देते हैं
कि पांच तत्व मेरे पांच पाण्डव हैं
मैं भरी सभा से उठी हूं
और पांचों जीत कर लाई हूं

मैं जन्म जन्म की द्रौपदी···
मैं पांच तत्व की काया
पांच तत्व से ब्याही हूं···

जियारत

आज अपने दिल के दरिया पर
मैं सूरज मनसने आई हूं···
इसी दरिया का मन्थन किया था
और मैंने इस सूरज को पाया था
और पूरी हयाती—इस सूरज को
मैंने माथे पर धारण कर लिया
आज यही सूरज दुनिया को देना
मेरे मस्तक की आशनाई है···

दरिया ! तू अंजुली भर पानी दे दे !
मैं दुनिया के हाथ धुलवा दूं
यह सूरज उसके हाथों पर रखूं
और उसे यह कहती चली जाऊँ
कि इसे हज़ार हाथों से बांट देना
यह मेरे मन की रौशनाई है···

इस दरिया की यही ज़ियारत है
यह कितनी बड़ी तकदीर पाई है
कि अपने दिल के पानी में मैंने
अपनी हड्डियां बहाई हैं
अल्लाह ! आज यह मेरी दरवेशी
मुझे किस मुकाम पर लाई है···

चेतना

अन्तर्नाद-सी हुई चेतना
मुख से किछु न बोले
एक बूंद पानी को जैसे
कमल-पात पर डोले···
माटी का यह घूंघट खोले
ओ मेरे तन की बहुरिया
अन्तर की इस नदिया से तू
भर ले मन की गगरिया···
बिन्दु की एक माया होकर
काया के संग हो ले !
अन्तर्नाद-सी हुई चेतना···

सागर से जो बादल बनता
फिर सागर में मिलता है
यह उस बीज की गाथा है
जो इस मिट्टी में खिलता है
वही रहस्य अलौकिकता का
लौकिक होकर खोले···
अन्तर्नाद-सी हुई चेतना···

ਗਦ

इतिहास से एक मुलाकात

? आओ दोस्त ! आज कुछ बातें करें !

इतिहास—मुझे वह दिन भी याद है, जब आज से कोई पच्चीस बरस पहले तुमने यही बात तड़पकर अपने महबूब से कही थी···

? आज भी वही तड़प है, और कहने वाली मैं, अपनी उसी मैं की विशालता हूं और जिससे मुखातिब हो रही हूं, तुम इतिहास मेरे उसी महबूब का अनन्त रूप हो···

इ० रात को तुम सोच रही थीं कि इतिहास के आसमान पर हर समय जंग के बादल क्यों छाए रहते हैं ? इतिहास की धरती पर दुखों की फसल क्यों उगती है ? इतिहास के जंगलों-बियाबानों में हर समय शेर क्यों दहाड़ते हैं ? सांप क्यों फुंकारते हैं—पर वह आसमान तुम्हारा है, धरती तुम्हारी है, जंगल-बियाबान तुम्हारे हैं—तुम्हारे विशाल मैं के, इन्सानी नस्ल के । मैं सिर्फ दर्शक हूं···

? यही तो मेरे विशाल मैं का विश्लेषण है, जिसमें तुम भी मैं का रूप हो। उसमें जो भोक्ता है, वही दर्शक है···

इ० फिर तुम्हारी कल्पना को मुझसे बातें करने की ज़रूरत क्यों है ?

? कल्पना को तसदीक चाहिए। और हवालों की तसदीक सिर्फ तुम ही कर सकते हो। मैं वर्तमान के एक बहुत छोटे टुकड़े की दर्शक हूं, लेकिन तुम सदियों के दर्शक हो। मैं चिन्तन के ज़ोर पर सिर्फ कल्पना कर सकती हूं, लेकिन तुमने हर काल को आंखों से देखा है···

इ० फिर उन हवालों का तुम क्या करोगी ?

? ऋग्वेद की एक ऋचा पर अमल करूगी—कि जो कुछ आप सैंकड़ों हाथों से अर्जित करते हैं, वह हजारों हाथों से बांट दें···

इ० मैंने जो कुछ आंखों से देखा है···

? आज मैं किसी खूनी कांड की बात नहीं करूंगी। मुझे उन रेत के अंबारों में से सिर्फ सोने के कण चुनने हैं। इंसानी हुस्न के ज़र्रे। सबसे पहले मुझे यह बताओ कि पुरातन से पुरातन काल की राज-प्रतिज्ञा क्या होती थी ?

इ० वैदिक काल की राज-शपथ, कोई भी राजा किसी धर्म या ईश्वर के सामने

नहीं लेता था, वह जनता के सामने शपथ लेता था—"मेरा जन्म जिस रात को हुआ, और जिस रात को मेरी मौत होगी, उन दोनों के बीच के समय में मैं जो शुभ कर्म करूंगा, उन्हीं के फलस्वरूप मुझे स्वर्ग लोक की प्राप्ति हो। और अगर मैं आपके साथ, यानी जनता के साथ द्रोह करूं, तो मैं ज़िन्दगी से भी वंचित हो जाऊं, और सन्तान से भी।"

? ऐसी शपथ खाने वाले राजाओं के समय में शायद अराजकता लफ्ज़ नहीं होता था···

इ० होता था। लेकिन आज जिस अर्थ के लिए यह लफ्ज बरता जाता है, तब यह अर्थ नहीं होता था। तब इसका अर्थ होता था—राज की वह प्रथा जिसमें कोई राजा नहीं होता, यानी धर्म-शास्त्र राजा है, कोई व्यक्ति विशेष नहीं। यह अराजक प्रथा, आदर्शवादियों की राज-प्रथा थी।

? इन्सानी नस्ल का अगला दुःखान्त हम सब जानते हैं कि "जुल्मी राजाओं का राज था, न राजाओं के कान थे, न प्रजा की आवाज़ थी।"
लेकिन मुझे उन जलते हुए रेगिस्तानों में पड़ी हुई, और कोई सोने के कण जैसी बात सुनाओ!

इ० अच्छा! तुम्हें एक जातक कथा सुनाता हूं। वाराणसी के एक राजा का नियम था कि वह राज-द्वार के सामने एक मंडप में भोजन किया करता था, और मंडप के इर्द-गिर्द कोई संगीनों का पहरा नहीं होता था। एक बार भूख से पीड़ित एक आदमी जब मंडप के पास से गुज़र रहा था, तो भांति-भांति के पकवानों की महक से उसकी भूख उसके बस के बाहर हो गई। उसने ज़ोर से आवाज़ लगाई "मैं दूत हूं···मैं दूत हूं···" और दौड़कर मंडप के अन्दर चला गया।

दूत के लिए पकवान परोस दिए गए। और जब वह जी भरकर खा चुका तो राजा ने पूछा "अब बताओ भई, तुम किसके भेजे हुए दूत हो? कौन से राजा के दूत?"—तब उस आदमी ने विनम्रता से कहा "जी, मैं भूख का दूत हूं···"

राजा हंस पड़ा और बोला—"हम सब अपनी-अपनी भूख के दूत हैं।" और राजा ने उसे बैलों की कई जोड़ियां और एक हज़ार गायें दान में दे दीं।

? दोस्त! तुम्हारे दान की बात से खयाल आया है—प्राचीनकाल में दानों में कौन-सा दान सबसे अच्छा समझा जाता था?

इ० भले समय में सबसे अच्छा दान अभयदान समझा जाता था, जो दूसरे को निडरता दे·· तुमने खुद ही तो एक नज़्म लिखी थी 'भय-मुक्त 'मैं' की हस्ती, भय-मुक्त 'तू' की, 'वह' की···

? आज मैं तुमसे यही दान मांगती हूं—अभयदान। जानती हूं कि तेरी मेरी

बातें सुनकर यह मेरा वर्तमान कई तरह के भय देगा, यह मुझे हमेशा देता आया है···

इ० मैं तुम्हें अभयदान देता हूं···

? जैसे कभी किसी ने एक राजा से कहा था कि मैं पेट की भूख का दूत हूं, उसी तरह मैं आज तुमसे कहती हूं कि मैं ज्ञान की प्यास की दूत हूं···

इ० अगर तुम्हारे पास अति की प्यास है, तो मेरे पास अति का निर्मल जल है···

? दोस्त ! आज बारह मार्च की प्रभात कैसी है, मेरा रोम-रोम मेरे मन की अवस्था में भीगा हुआ है। अभी जिस सुपने से जागी हूं, अलौकिक सुपना था। देखा कि भारतीय ज्ञानपीठ वाले समारोह की तैयारी हो रही है, जिसके लिए मैंने एक मेहमान-घर सजा हुआ देखा। और देखा—वहां मेरी दो बहनें ठहरी हुई हैं। एक मुझसे बड़ी, एक मुझसे छोटी···ज़िन्दगी में अकेली हूं, कभी किसी भाई-बहन की कल्पना तक नहीं की, लेकिन सुपने में कोई हैरानी नहीं हुई : सिर्फ यह अहसास हुआ कि आज हम तीनों बहनें, बहुत ही दिनों के बाद मिल रही हैं।

छोटी बहन की सूरत, मुझे जागने के बाद भी याद है। वह बहुत पतली और सुमुखी थी, चढ़ती जवानी की उम्र वाली। लेकिन उसका क्या नाम था, यह मुझे याद नहीं। पर बड़ी बहन पक्की उम्र की थी, बेहद खूबसूरत और गंभीर। वह मुझे गले लगाकर मिली। उसका नाम मुझे याद है : वाच···

इ० वाच वेदों की जननी थी···

? मैं दिन रात तुम्हारे साथ बातें करती रही थी, शायद इसीलिए वेदों की जननी को प्रत्यक्ष इंसानी काया के रूप में देखा···

इ० तुमने वाच की सूरत में अपना ही प्राचीनकाल देखा, और छोटी बहन की सूरत में अपना ही भविष्य। इस सुपने को मैं त्रिकालदर्शी कह सकता हूं···

? सो मैं तुमसे बहुत कुछ सुनने के योग्य हूं। जानती हूं—शुकदेव मुनि के पास एक बार देवता अमृत का घड़ा लेकर गए थे, बोले "आप यह अमृत ले लीजिए, और इसके बदले में हमें कथा-अमृत पीने को दे दीजिए।" शुकदेव को अहसास हुआ कि यह सौदा करने वाले देवता, कथा-अमृत को सुनने के योग्य नहीं हैं। इसलिए उन्होंने हंसकर बात टाल दी।

इ० पर मैं तुम्हारे हर सवाल का जवाब वैसे ही दूंगा जैसे शुकदेव मुनि ने सूतजी को दिया था···

? सोमरस के अर्थ जानना चाहती हूं···

इ० यह जानने के लिए पहले पशु लफ्ज के अर्थ जानने होंगे। यह तो तुम जानती हो कि इन वेदों की हर कथा-कहानी प्रतीकात्मक थी। पशु लफ्ज़ के अर्थ थे—खोल, जो वस्तु को उठाता है, ढोता है···

? जरूर यही अर्थ होंगे, तभी जीव को परमात्मा का पशु कहा गया है।

इ० जीवन अपने अंदर परमात्मा को ढोता है, इसीलिए वह परमात्मा का पशु है। इसी तरह वेदों के छंद भी पशु कहे जाते थे। हर छंद में जितने अक्षर होते थे, हर अक्षर एक-एक तत्त्व का प्रतीक माना जाता था। एक-एक तत्त्व को ही एक-एक देवता का नाम दिया गया था। सो छंद, तत्त्वों—यानी देवताओं को ढोने वाला पशु कहा गया। सिर्फ छंद नहीं, हर कथा-कहानी भी पशु कही जाती थी, क्योंकि वह ज्ञान को ढोती है। चिंतन को ढोती है। और यज्ञ के समय पशु की बलि देने के अर्थ थे— बाहरी खोल को चीरना, और अंदर के तत्त्व को समझना···

? इसीलिए जब अर्थों के अनर्थ हो गए, यज्ञों के समय मासूम पशुओं की बलि दी जाने लगी ··

इ० प्राचीन समय में किसी भी यज्ञ के समय किसी पशु की बलि नहीं दी जाती थी। वेद मंत्रों के छंदों को और हर कथा-कथानक को चीरकर, उसके तत्त्व को समझने का नाम यज्ञ होता था···

इसी चीरने में से जो शब्द-रस टपकता था, ऋषि-मुनि वही रस पीते थे। और उसी का नाम सोमरस था···

? और कर्म-कांड ?

इ० कर्म-कांड का सही अर्थ मूल तत्त्वों का अभिनय है। अगर अभिनय को सिर्फ अभिनय समझा जाता, तो इंसान कभी भी मानसिक तौर पर कर्मकांड का गुलाम न होता। कर्मकांड उसके 'स्वयं' का प्रकाश हो जाते।

? यज्ञ की अग्नि ?

इ० लकड़ियों और घी से पैदा की हुई अग्नि असल अग्नि का अभिनय है। असल अग्नि ब्रह्म है, ब्रह्म का वह तत्त्व, जो विकास का मूल है···

अग्नि एक ही है, पर विकास की पचासों हालतों को अग्नि के अलग-अलग नाम दिए गए हैं। इन विकास अवस्थाओं को चेतना भी कहा गया, शब्द भी, और वाक भी। इसीलिए आत्मा को भी अग्नि कहा गया, ज्ञान को भी अग्नि कहा गया। और देवताओं के नामों के साथ कवि को भी अग्नि कहा गया···

वेदों में जहां अग्नि को देवताओं का मुख कहा गया है, वहां देवताओं की योनि भी कहा गया है। देवताओं का काम। यह लफ्ज़ एक संकेत है, उस तत्त्व का, जिसे कर्म-कांड के अभिनय में से पहचानना होता है···

? दोस्त ! तुम जैसे-जैसे हर प्रतीक के खोल को चीर रहे हो, उसमें से टपक रहा शब्द-रस मैं सचमुच सोमरस की तरह पी रही हूं···

—**सूर्यवंशी-चंद्रवंशी** पुस्तक से

अक्षरों की धूप में—अक्षरों की छाया में

सामने—एक भर बहता दरिया था, लेकिन उसमें हलचल-सी मची हुई थी। लहरें उठतीं और शान्त से सोये हुए किनारों के साथ इस तरह टकरातीं, जैसे किनारों को झकझोर कर जगा रही हों···और लहरों के होंठों में भरी हुई झाग जैसे जल्दी में किनारों से कुछ कह रही हो···

फिर शायद लहरों की बात किनारों ने समझ ली, और जब लहरों ने उछल कर एक भारी-सी चीज़ किनारे की तरफ की, तो दरिया के उस किनारे ने वह चीज़ अपनी बांहों में समेट ली···

देखा—वह किसी इन्सान का गुच्छा-सा हुआ शरीर था, जिसे उस किनारे ने आहिस्ता से अपनी छाती पर रख लिया, और फिर चढ़ते हुए सूरज की लौ, उस शरीर के अंगों को अपनी हथेलियों से खोलने और दुलारने लगी···

चौंककर मेरी नींद टूट गई। लेकिन यह हैरानी मेरे गिर्द लिपटी हुई थी कि अभी मैं जिस सपने की दर्शक थी, वह सपना क्या था···

और फिर एक ऐतिहासिक घटना मेरे अचेतन मन से सरकती मेरे चेतन मन में आने लगी···

चेतन मन ने कहा—यह महाभारत की एक कथा है, कि वशिष्ट ऋषि के बेटे जब मर गए, तो उसने ज़िन्दगी को अर्थहीन समझकर एक दरिया में डूब जाना चाहा था। अपने हाथों और पैरों को रस्सियों से बांधकर उसने रात के गहरे अन्धेरे में अपने को दरिया के हवाले कर दिया था···

लेकिन दरिया का पानी घबरा गया था कि अगर आज उसमें वशिष्ट ऋषि डूब गए, तो उसे ब्रह्म-हत्या का दोष लग जाएगा···और उस पानी ने अपने ज़ोर से ऋषि के हाथों और पैरों से बंधी रस्सियां खोल दीं, और फिर ऋषि को अपनी बांहों में लेकर आहिस्ता से किनारे पर रख दिया···

मैं एक हैरानी लिपटी हुई थी कि सदियों पहले जो घटना महाभारत की एक कथा में समाई हुई थी, वह आज अपने अक्षरों से निकलकर—मेरे सामने मूर्तिमान कैसे हो गई?

'कैसे' का पता नहीं, लेकिन 'क्यों' का जवाब मुझे मिलने लगा कि यह मेरी रगों में समाया हुआ एक दर्द है कि जिस पंजाब की धरती, ऋषियों और विद्वानों ने अपने चिन्तन से ज़रखेज़ की थी, उस पंजाब की मिट्टी आज अपने ही लोगों के हाथों अपने ही लोगों के खून में क्यों भीग रही है···

और इतिहास के कितने ही हवाले मेरे ज़ेहन में आकर खड़े हो गए···

पश्चिम की तरफ एक सिन्ध नदी थी, और पूर्व की तरफ सरस्वती नदी, और वह पूरा इलाका सप्त सिन्धु कहलाता था···

बीच में पांच दरिया बहते थे—यही आज का जेहलम, वितस्ता कहलाता था, आज का चनाब—असकिन और चन्द्रभागा था, आज का रावी दरिया तब आरुर्षाण और इरावती कहलाता था, आज का सतलुज—शतद्रु और आज का व्यास विपाशा कहलाता था···

वशिष्ठ ऋषि को उसने पाप-मुक्त किया था, इसी से उसका नाम विपाशा हुआ था और यही पंच-नद थे पांच-आब। आज के पंजाब का यह नाम नदी-मूलक था।

इन्हीं पानियों के किनारे, इन्हीं के कणों में वह सभी ऋषि हुए, जिनकी रचना दुनिया की पहली पुस्तक कहलाई—ऋग्वेद।

जिस वशिष्ठ ऋषि ने ऋग्वेद के कितने ही सूक्त लिखे, वह उस राजा सुदास के पुरोहित थे, जिसका राज, रावी और व्यास के बीच वाले इलाके में था।

कामधेनु, जो मन की आकांक्षा को पूरा करने वाली गाय थी, वह वशिष्ठ ऋषि के आश्रम में थी।

विश्वामित्र भी राजा सुदास के पुरोहित थे? और यही विश्वामित्र थे, जिन्होंने गायत्री मन्त्र की रचना की।

अगस्त्य ऋषि विश्वामित्र के ही जुडवां भाई थे, मित्रावरुण और उर्वशी की औलाद। इन्होंने वेद के अनेक सूक्त लिखे, और ब्रह्म-पुराण की रचना की।

ऋग्वेद की रचना में जिन सत्ताईस ब्रह्मवादिनियों के लिखे हुए कई सूक्त हैं, उन्हीं में एक सुन्दरी लोपामुद्रा थी इस अगस्त्य ऋषि की पत्नी···

ऋग्वेद के एक ऋषि शिवि, उस इलाके के रहने वाले थे, जिसे आज झंग और शोरकोट कहा जाता है···

कठोपनिषद का नाम जिन कठ लोगों के नाम पर पड़ा, वे कठ लोग व्यास और रावी दरिया के बीच वाले इलाके में बसते थे···

एक सूर्य मन्दिर, जिसे भारत देश का पहला सूर्य मन्दिर माना जाता है, वह शामभ ने पंजाब की चन्द्रभागा नदी के किनारे पर बनवाया था···

कौशल्या, जिसने राम जैसे बेटे को जन्म दिया, गुराम नगर में पैदा हुई थीं, जो पटियाला से थोड़े से कोस की दूरी पर है।

सुमित्रा, जिसने लक्ष्मण जैसे बेटे को जन्म दिया, दसूया गांव की थी, जो होशियारपुर के पास है।

तक्षशिला विद्या का वह स्थान था, जहां हर तरह के शास्त्र का ज्ञान दिया जाता था। वह सिन्ध नदी के पूर्व की ओर था।

पाणिनी का व्याकरण-शास्त्र वह रचना थी, जिसे दुनिया के भाषा-विज्ञानी नमस्कार करते थे। पाणिनी का जन्म तक्षशिला के नज़दीक शालातुर गांव में हुआ था।

पिंगल मुनि के जन्म से छन्द-शास्त्र को पिंगल-शास्त्र कहा जाने लगा। यह पिंगल मुनि पाणिनी के ही छोटे भाई थे, और उसी शालातुर गांव में पैदा हुए थे···

पतंजलि मुनि उस 'महाभाष्य' ग्रन्थ के लेखक थे, जिसमें पहली बार दार्शनिक तत्वों की व्याख्या हुई थी। उनका सम्बन्ध वाहीक जनपद से था, जो प्राचीन समय में पंजाब का ही वंश मूलक नाम था···

आज का पेशावर जब पुरुषपुर होता था, राजा कनिष्क के समय वह बहुत बड़ा विद्या-केन्द्र था। वसुमित्र जैसा बौद्ध-दार्शनिक, नागार्जुन और मातृचेट जैसे महान चिन्तक पुरुषपुर में रहते थे···

चरक मुनि आयुर्वेद की सबसे प्राचीन पुस्तक 'चरक संहिता' के लेखक थे। वह भी पुरुषपुर में हुए थे।

बाणभट्ट, कादम्बरी और हर्ष चरित जैसे ग्रन्थों के लेखक थे, और स्थानीश्वर में रहते थे, जो आज का थाणेसर है।

महाभारत के लेखक कृष्ण द्वैपायन, जो व्यास के नाम से प्रसिद्ध हुए, वह गांव बसाना ज़िला करनाल के थे···

चाणक्य का नाम आज तक चाणक्य-नीति के लिए इतिहास प्रसिद्ध है। यह चाणक्य, विष्णुगुप्त के नाम से तक्षशिला में पैदा हुए थे।

कपाल-मोचनी विद्या, भारत की पहली सर्जिकल विद्या थी, जिसके माहिर जीवन कुमार भृत्य थे। उनका जन्म राजगढ़ में हुआ था।

जिस भरतमुनि का नाट्य-शास्त्र आज भी इतिहास-प्रसिद्ध है, उस भरतमुनि का सम्बन्ध उस भरत-जनपद से था, जो आज थाणेसर, कैथल, करनाल और पानीपत का इलाका है।

ब्रह्मगुप्त, गणित शास्त्र के ज्ञाता थे। उनका जन्म मुलतान के नज़दीक भिल-मल नामक गांव में हुआ था।

और मैं तड़प उठी कि यही पंजाब की मिट्टी थी, जहां ऋक्‌वाणी, कृष्णवाणी, गोरखवाणी और नानकवाणी के अक्षर सूरज की तरह चढ़े थे, और पेड़ों की तरह उगे थे···और लोग उन अक्षरों की धूप को तापते थे, और उनकी छाया में भी बैठते थे। पर इन अक्षरों की धूप और इन अक्षरों की छाया आज कहां चली गई ?

और पंजाब में तो हवा बहती थी, आज वह लोगों के सांसों में नफरत कैसे मिला रही है ?

और मेरा आज का सपना ? आज के खून से भरे पानियों ने मुझे अपना वह दर्शन क्यों दिया है, जब वह पानी ब्रह्म-हत्या से मुक्त होते थे।

और जो सपना—मैंने सोई आंखों से देखा था, वह मेरी जागती आंखों में

पानी की सूरत में भर आया···

और मैं सोई-जागती-सी हालत में आज के चढ़ते हुए सूरज की ओर देखने लगी, जैसे उससे पूछ रही हूं कि किसी समय तेरी लोअ कैसी होती थी, जिसने वशिष्ठ के शरीर को हथेलियों से मल-मल कर मरने से बचा लिया था···

सूरज जवाब नहीं देता। और मुझे लगता है कि मेरे अक्षरों में उनकी धूप भी खो गई है, उनकी छाया भी···

—**सूर्यवंशी-चन्द्रवंशी** पुस्तक से

एक सिक्के की आरज़ू

एक हैरानी हुई—जब एक प्यारी-सी हंसती हुई औरत मुझसे मिलने के लिए 25 सितम्बर की दोपहर को मेरे पास आई, और कहने लगी, "मैं जानती हूं तुम हिन्दुस्तान की एक अदीब हो, लेकिन मैंने तुम्हारा कलाम नहीं पढ़ा, ना ही तुम्हारा कोई अफसाना पढ़ा है। मैंने सिर्फ सुना है कि तुम एक बहुत पुख्ता खयाल औरत हो, और जिस तरह जीना चाहती थी, उस तरह तुमने जी लिया है। मैं ऐसी औरत को देखना चाहती थी, इसलिए आयी हूं।"

और हैरानी के साथ मुझे एक खुशी और तसकीन हुई कि किसी के लिए अपने एतकाद के मुताबिक जी लेना इतनी अहमियत रखता है।

यह मैडम डागमार सिलेसते थी, अमरीका की एक स्टेट ओहाइयो के गर्वनर की बीवी।

"तुम्हारा घर बहुत खूबसूरत है।" कहते हुए उसने बारी-बारी से वे सभी लैम्प शेड देखे, जिन पर इमरोज ने नज्में लिखी हुई हैं। और नज्मों के अर्थ पूछते हुए वह मुझे पूछने लगी, "तुम्हारे नावलों के किरदारों का मसला क्या होता है?"

मैंने कहा, "बुनियादी मसला औरत और मर्द के रिश्ते का है, जो इनसान और इनसान के रिश्ते तक पहुंचता है, और फिर वसीह होकर मुल्कों और मुल्कों के रिश्ते तक।"

उसने फिर पूछा, "औरत और मर्द का रिश्ता इतना उलझा हुआ क्यों होता है?"

मैं हंस-सी दी, कहा, "क्योंकि अभी औरत भी अधूरी है, और मर्द भी अधूरा है। हम लोग जवानी और खूबसूरती की कशिश को या कुछ सुखों और सहूलियतों की कशिश को मोहब्बत का नाम दे देते हैं, लेकिन मोहब्बत जैसी घटना सिर्फ किसी पूरी औरत और पूरे मर्द के बीच घट सकती है।

"पूरी औरत से तुम्हारी क्या मुराद है ?" उसने पूछा और मैंने कहा, "जो आर्थिक तौर पर, जज्बाती तौर पर, और जेहनी तौर पर स्वतन्त्र हो। स्वतन्त्रता किसी से मांगी या छीनी नहीं जा सकती। यह पहनी नहीं जा सकती, यह वजूद की मिट्टी से उगती है।"

उसने और गम्भीर होकर कहा, "आप लोगों को शायद लगता होगा कि अमरीकी औरत बहुत स्वतन्त्र है, लेकिन यह बात सही नहीं है।"

मैंने कहा, "जरूर सही नहीं होगी। अगर होती तो अमरीका का नजरिया दूसरे मुल्कों की तरफ सही होता। उसमें एक तवाजन होता। एक स्वतन्त्र मुल्क होने के नाते दूसरे मुल्कों की स्वतन्त्रता के लिए कद्रदानी से भरा हुआ।"

उस वक्त मैडम डागमार ने एक बहुत गहरा सवाल किया, "वह कौन-सी चीज है, जिस पर तुम्हें एक हिन्दुस्तानी औरत होने का फख्र है ?"

मैंने कहा, "जाहिर है कि बड़े उन्नत देशों के मुकाबले में हिन्दुस्तान को अभी बहुत लम्बा रास्ता तै करना है। लेकिन हिन्दुस्तान के पास एक ऐसी चीज है जो उन्नत देशों के पास नहीं है। वह हमारी बहुत प्राचीन तहजीबी विरासत है। आज हम उससे गाफिल हैं, लेकिन वह हमारी रगों में है। मुझे एक हिन्दुस्तानी औरत होने का फख्र इस बात में है कि ईसा से भी चार हज़ार साल पहले इस धरती की औरत ने वह चिन्तन दुनिया को दिया था, जो आज साठ सदियों के बाद भी किसी मुल्क की तहजीब में शामिल नहीं हुआ। दुनिया का कोई कानून उसकी कल्पना तक भी नहीं पहुंचा। ऋग्वेद की एक ऋचा में सूर्यासावित्री ने कहा था कि सुबह की रोशनी जब सूरज से मिले, तो उसकी आंखों में ज्ञान का काजल हो, हाथों में अपने प्रिय को सौगात देने के लिए वेदमन्त्र हों। दुनिया के विद्वान उनके पुरोहित हों, और स्वतन्त्रता उनकी सेज हो। मुझे अपने ख्यालों की तसदीक आज की किसी हकीकत से नहीं मिली, लेकिन इस साठ सदियों पुराने चिन्तन से मिली है।"

उस वक्त मैडम डागमार ने एक छोटी-सी चमकती हुई डिबिया निकाली और कहने लगी, "यह मैं तुम्हारे लिए एक तोहफा लायी हूं। हमारे मुल्क में पहली बार एक डॉलर पर एक औरत की एक तसवीर दी गई है। यह औरत सूसन बी. एंथनी थी, जिसने अमरीका में औरत को वोट देने के हक में आवाज उठाई थी। यह उसकी बहुत लम्बी जद्दोजहद थी। अमरीका में 1920 से पहले औरत को वोट देने का हक नहीं था।"

मेरे लिए यह बहुत प्यारा और कीमती तोहफा था। मैंने उसका शुक्रिया अदा किया तो, वह कहने लगी, "अब हमें एक और संघर्ष करना है। हम तुम सब जानते हैं कि अमरीका के पास वह ताकत है, कि वह दुनिया को तबाह कर सकता है। इसलिए यह ताकत भी सिर्फ वही रखता है कि वह दुनिया को तबाही

से बचा सकता है। हमें उसके जमीर को जगाना है।"

वह मेरी ज़िन्दगी का एक यादगार पल था कि मैंने किसी का चेहरा उसके जमीर की रोशनी में भीगा हुआ देखा।

मैंने प्यार से डागमार का हाथ अपने हाथ में लिया और कहा, "दोस्त! अगर यह बात तुम्हारे हाथों हो जाए, अमरीका का जमीर जाग जाए और वह दुनिया में अमन का मुहाफिज हो जाए, तो उस वक्त जिस डॉलर पर तुम्हारी सूरत अंकित होगी, मैं उसे अमन का पहला सिक्का कहूंगी।"

—**नौ फूलों की व्यथा** पुस्तक से

देखी, सुनी और बीती घटनाएं

जीवन की देखी, सुनी या बीती घटनाएं कब और किस प्रकार लेखक की रचना का अंश बन जाती हैं—कभी चेतन तौर पर और कभी बिलकुल अचेतन तौर पर—यह किसी हिसाब की पकड़ में नहीं आता।

विशेषकर अचेतन तौर पर जो अनुभव किसी रचना का अंश बन जाता है, वह कई बार अपनी आंखों के लिए भी एक अचम्भा-सा हो जाता है।

रवीन्द्रनाथ ठाकुर से जब भेंट हुई थी, बहुत छोटी थी। कविताएं तब भी लिखती थी, पर बचकाना-सी। उन्होंने जब एक कविता सुनाने के लिए कहा तो सकुचाकर सुनायी थी, पर उन्होंने जो प्यार और ध्यान दिया था, वह कविता के अनुरूप नहीं था, उनके अपने व्यक्तित्व के अनुरूप था। उसका प्रभाव मुझ पर गहरा हुआ। और फिर जब रवीन्द्रनाथ ठाकुर की जन्म-शताब्दी मनाई जाने वाली थी, तब मैंने उन पर एक कविता लिखनी चाही। कुछ पंक्तियां लिखी भी, पर तसल्ली नहीं हुई। फिर मैं मास्को चली गयी (1961 में)। वहां जिस होटल में ठहरी थी उसके सामने मायकोव्स्की का बुत बना हुआ था, और जिस जगह वह होटल था उसका नाम गोर्की स्ट्रीट था।

एक रात की बात—लगभग दस बजे होंगे, मैंने होटल की खिड़की से देखा कि एक जनसमूह मायकोव्स्की के बुत के गिर्द इकट्ठा है। ज्ञात हुआ कि कई नौजवान कवि प्रायः रात के समय वहां आकर खड़े हो जाते हैं, और बुत के चबूतरे पर खड़े होकर कभी वे मायकोव्स्की की कोई कविता पढ़ते हैं, और कभी अपनी। रास्ता चलते लोग उनके इर्द-गिर्द आकर खड़े हो जाते हैं, और कविताएं सुनते हैं, फरमाइशें भी करते हैं, और इस प्रकार यह खुला कवि-सम्मेलन आधी रात तक चलता रहता है। हवा ठण्डी लगने लगे, तो लोग अपने कोटों के कॉलर ऊपर पलट लेते हैं, मेंह बरसने लगे तो सिर के ऊपर छतरी तान लेते हैं। मैं भी

कुछ देर के लिए कोट पहनकर इस खुले कवि-सम्मेलन में चली गयी। यूं तो मुझे रूसी भाषा का एक भी शब्द समझ में नहीं आया, पर उनके स्वर की गर्माहट मेरी समझ में ज़रूर आयी। फिर जब मैं अपने कमरे में लौटी तो मेरे सामने रवीन्द्रनाथ ठाकुर का चेहरा भी था, मायकोव्स्की का भी, और गोर्की का भी—सारे चेहरे मिश्रित-से हो गए—जैसे एक हो गए हों—और उस रात रवीन्द्रनाथ ठाकुर वाली कविता पूरी हो गयी—

> महरम इलाही हुस्नदी, कासद मनुखी इश्क़ दी,
> एक क़लम लाफ़ानी तेरी, सौगात फ़ानी जिस्म दी···

'आक के पत्ते' उपन्यास में उसका मुख्य पात्र जब रोज़ शाम के समय स्टेशन जाकर आने वाली गाड़ियों में अपनी खोयी हुई बहन का चेहरा ढूंढ़ता है तो एक दिन अनायास ही उसके पैर उसे अपने गांव वाली गाड़ी के अन्दर ले जाते हैं। जाड़े के दिन, कोई गर्म कपड़ा पास नहीं, वह रात की ठण्ड में गुच्छा-सा बैठ जाता है। विचारों में डूबा हुआ उसका मन, नींद में भी डूब जाता है। एक स्टेशन पर गाड़ी रुकती है तो उतरने-चढ़ने वाली सवारियों की आहट से वह जाग उठता है। देखता है—उसके गिर्द एक रज़ाई लिपटी हुई है, एक बड़े नर्म-से चेहरे का बूढ़ा आदमी पास की सीट पर बैठा हुआ है एक खेस लपेटे हुए, अपनी रज़ाई उसे उढ़ाकर। एक दिन अचानक इस उपन्यास का यह अंश सामने आया तो याद आया—यह उपन्यास लिखने के चार वर्ष पहले, मैं जब रोमानिया से बल्गारिया जा रही थी, रात बहुत ठण्डी थी, पास में अपने कोट के सिवाय कुछ नहीं था, वही घुटने जोड़कर ऊपर तान लिया था। फिर भी, जब उसे सिर की ओर खींचती थी तो पैरों को ठिरन लगती थी, पैरों पर डालती थी तो सिर और कंधों को ठण्ड लगती थी। न जाने कब मुझे नींद आ गयी—लगा, सारे शरीर में गर्मी आ गयी है। बाकी रात खूब गर्माइश में सोती रही। सबेरे तड़के जागी तो देखा—मेरे डिब्बे में सफर करने वाले एक बल्गारियन आदमी ने अपना ओवरकोट मुझ पर रज़ाई की तरह डाल दिया था।

यह घटना मैंने चेतन तौर पर इस उपन्यास में नहीं डाली थी, पर लिख चुकने के कितने ही वर्ष बाद जब पढ़ा तो लगा कि उस रात की गर्माइश मेरी रगों में कहीं एक अमानत की तरह पड़ी हुई थी।

'यात्री' उपन्यास 1968 में लिखा था। उसकी एक पात्र सुन्दरां बिलकुल कल्पित थी। मैं उपन्यास के मुख्य पात्र की जन्म-कथा जानती थी, उसके सम्बन्ध में लिखा भी था—'नायक को जानती हूं, उस दिन से जिस दिन उसे साधुओं के एक डेरे में चढ़ाया गया था। बहुत बरसों की बात, पर अब भी ध्यान आ जाती है तो बहुत तराशे हुए नक्श वाला उसका सांवला चेहरा, उसकी सारी उदासी के समेत,

आंखों के सामने आ जाता है।' पर सुन्दरां मेरी कल्पना से निकलकर इस उपन्यास के पृष्ठों में उतरी थी, और मेरी समझ में नहीं आता था कि सुन्दरां का पात्र चित्रित करते समय मेरी आंखें क्यों भर-भर आती रही थीं।

उपन्यास लिखकर सबसे पहले इमरोज़ को सुनाया था, और सुनाते-सुनाते जब सुन्दरां का ज़िक्र आया, मेरे अपने कलेजे को जैसे किसी ने कचोट लिया। फिर यह उपन्यास हिन्दी में उल्था हुआ। हर अनुवाद छपने से पहले सुना करती हूं—इसे सुनते समय जब फिर सुन्दरां की बात आई, मैं बेचैन हो गई।

उपन्यास हिन्दी में छप गया। तब 1969 था। पंजाबी में दो वर्ष बाद छपा था—1971 में, उसके प्रूफ देखते समय फिर जब सुन्दरां आई तो मैं व्याकुल हो गई।

अपने आपको, इस अपने दिल में पड़ने वाली कसक का कुछ पता नहीं लगता था। पर 1973 में जब इस उपन्यास का अंग्रेज़ी में अनुवाद हो रहा था—उस समय जब सुन्दरां सामने आई तो ऐसा प्रतीत हुआ जैसे मैं स्वयं अपनी नब्ज़ देख रही हूं···

लेखक के अपने जीवन की घटनाएं—उपन्यासों-कहानियों के पात्रों में सदा ढलती हैं, छाती के भीतर से उठती हैं, कागज़ों पर जा उतरती हैं। परन्तु यह सुन्दरां उसके विपरीत अनुभव है—यह कागज़ों में से उठकर मेरी छाती में उतर गई थी···अचानक लगा, जैसे घोर अंधेरे में एकाएक दीया जल उठे, कि यह सुन्दरां मैं हूं···

'मैं' को मैंने चेतन तौर पर सुन्दरां में नहीं ढाला था, इसलिए कई वर्ष तक इसे पहचान नहीं सकी थी। वह अपना अस्तित्व मुझे भीतर ही भीतर खरोंचता था। मैं मन की तहों को टटोलती थी, फिर भी यह पहचान में नहीं आता था। पर जब पहचान में आया—तो अपना एक-एक विचार तक पहचान में आ गया···

सुन्दरां जब मन्दिर में जाकर शिव और पार्वती के चरणों पर फूलों की झोली उलटती है ताकि जब वह शिव-पार्वती के चरणों पर माथा नवाए तब फूलों के ढेर के नीचे से बांह फैलाकर मूर्तियों के पास खड़े हुए अपने प्रिय के पैरों को भी हथेली से छू ले और उसके हाथ पर किसी की नज़र भी न पड़े, तो लगा—यह मैं हूं, जो अनेक वर्ष एक चेहरे की इस प्रकार कल्पना करती रही कि अक्षर ही अक्षर, फूलों के ढेर की भांति, अंबार लगा दिए और जिनके नीचे से बांह ले जाकर किसी को इस तरह छू लेना चाहती थी कि, ऊपर से, किसी देखने वाले को दिखाई न दे।

सुन्दरां बहुत समय तक—चुपचाप—फूल चुनती रही, और सबकी चोरी से अपने प्रिय के पैर छूती रही। मैं अनेक वर्षों तक कविताओं के अक्षर जोड़ती रही और चुपचाप अपने प्रिय के अस्तित्व को छूती रही···

सुन्दरां का प्रिय जीता-जागता था—पत्थर की मूर्ति के समान था, जिसे

सुन्दरां के मन का सेंक नहीं पहुंचता था। और मैं भी अनेक वर्षों तक सुन्दरां की जगह पर खड़ी रही थी—मेरे मन का सेंक भी कहीं नहीं पहुंचता था, एक पत्थर जैसी चुप से टकराता था, और सुलगता-बुझता फिर मेरे पास ही लौट आता था।

सुन्दरां जब शरीर पर विवाह का जोड़ा और नाक में सोने की नथ पहनकर मन्दिर में अपने प्रिय को अन्तिम प्रणाम करने के लिए आती है, कुछ आंसू लुढ़क-कर उसकी नथ के तार पर अटक जाते हैं—मानो नथ की आंखों में आंसू भर आए हों—तो यह समूची मैं थी, मेरे हर छाप-छल्ले की आंखों में इसी तरह आंसू भर-भर आते थे···

ओ खुदाया ! कभी अपना आप भी अपने से इस तरह छिप-छिप जाता है—यह अचेतन मन का कैसा खेल है !

पूरे ग्यारह वर्ष की नहीं थी जब मां मर गई थी। मां की ज़िन्दगी का आखिरी दिन मुझे पूरी तरह याद है। 'एक सवाल' उपन्यास में उपन्यास का नायक जगदीप मरती हुई मां की खाट के पास जिस तरह खड़ा हुआ है, उसी तरह मैं अपनी मरती हुई मां की खाट के पास खड़ी हुई थी, और मैंने जगदीप की भांति एकाग्र मन होकर ईश्वर से कहा था—'मेरी मां को मत मारो।' और मुझे भी, उसी की तरह, विश्वास हो गया था कि अब मेरी मां की मृत्यु नहीं होगी क्योंकि ईश्वर बच्चों का कहा नहीं टालता···पर मां की मृत्यु हो गई, और मेरा भी, जगदीप की तरह, ईश्वर के ऊपर से विश्वास हट गया।

और जिस तरह जगदीप उस उपन्यास में मां के हाथों की पकाई एक आले में रखी हुई दो सूखी रोटियों को संभालकर अपने पास रख लेता है—'इन रोटियों को टुकड़े-टुकड़े करके कई दिन खाऊंगा'—उसी प्रकार मैंने उन सूखी हुई रोटियों को पीसकर एक शीशी में रख लिया था···

यह सब कुछ मैंने चेतन तौर पर उस उपन्यास में डाला था। पर, 'यात्री' उपन्यास में महन्त किरपासागर के किसी भी वर्णन में मैंने चेतन तौर पर अपने पिता की याद को नहीं डाला था। पर जब बरसों बाद मैंने उस उपन्यास को पढ़ा तो वह महन्त किरपासागर की मृत्यु के बाद उपन्यास का नायक उसकी आवाज़ का अपने मन में ध्यान करता है, तो मुझे लगा—यह मैं स्वयं अपने पिता की आवाज़ का ध्यान कर रही थी—'उनकी आवाज़ में कुछ खास तरह का ऐसा था—नदी के जल के समान, हल्का-सा होते हुए भी बहुत भारी, और अपने ही ज़ोर से बहता हुआ। कोई पत्थर, कंकड़, पत्ता या हाथों का मैल उसमें फेंक दे तो उससे बेपरवाह उसे बाहर ले जाता, या उसे पैरों में फैंककर उसके ऊपर से गुजर जाता। उनकी आवाज़ एक सीध में चली जाती थी, इर्द-गिर्द की बातें सुनकर कभी रुकती हुई नहीं लगती थी। साधुओं के डेरों में भी, घर-गृहस्थियों की भांति

झगड़े-झमेले और निन्दा चुगली रचते-बसते हैं···जाले इनके कोनों में भी लगते हैं···पर उनकी आवाज़ नदी के वेग के समान, इस सब-कुछ को बहाकर ले जाती थी, और इसकी ओर आंख भरकर देखती तक नहीं थी। यह आवाज़ दो तरह की थी—एक भारी, गहरी और वेगवती; दूसरी बहुत सूक्ष्म, उदास और पवन की भांति पवन में मिलती हुई···

और उपन्यास में महन्त किरपासागर जिस बोल को बार-बार दोहराते हैं, याद आया कि वही बोल मेरे पिता के होंठों पर हुआ करते थे—'मुद्दतें गुज़र गईं बेयारो मददगार हुए···'

महन्त किरपासागर की कहानी का कुछ अश मैंने चेतन तौर पर अपने पिता के एक मित्र साधु के जीवन से लिया था, पर जब महन्त किरपासागर के स्वभाव का वर्णन किया तो अचेतन तौर पर मुझसे अपने ही पिता के स्वभाव का वर्णन हो गया।

15 मई, 1973 को जब मुझे दिल्ली विश्वविद्यालय ने डी० लिट्० की ऑनरेरी डिग्री दी थी, मेरे घर लौटने पर देविन्दर ने अपनी जेब में कुछ छिपाते हुए कहा था, 'दीदी ! आज कुछ मन-आई करने को जी कर रहा है, नाराज़ मत होना।' जवाब में मैंने हंसकर कहा था, 'भाई, तुम्हारे मन में जो भी आएगा, अच्छा ही होगा'—और देविन्दर ने जेब से एक रेशमी रूमाल, मिसरी और इक्कीस रुपये निकालकर कहा, 'दीदी ! तुम्हारे पिता या भाई कोई होता तो कुछ न कुछ शगुन करता—यह शगुन उनकी तरफ से···'

आंखें भर आईं, और याद आया, 'एक सवाल' उपन्यास में जब उपन्यास का नायक अपने पिता की मृत्यु के बाद अपनी भरपूर जवान सौतेली मां का अपने हाथों उसके मन का विवाह करता है और वह जवान लड़की थाली में रोटी डालकर कहती है—'आ ! मां-बेटे साथ खाएं' तो वह रोटी का पहला ग्रास तोड़ते हुए कहता है—'पहले यह बताओ कि तुम मेरी मां लगती हो या बहन या बेटी ?'··· तो उपन्यास का यह अंश लिखते समय देविन्दर मेरे सामने नहीं था—पर चौदह, वर्ष बाद जब देविन्दर ने वह रूमाल, वह मिसरी और वे रुपये मेरी झोली में डाले मेरे मन में आया हुआ बोल निरा-पूरा वही था—'तुम पहले यह बताओ कि तुम मेरे पिता लगते हो, मेरे भाई या मेरे पुत्र ?'

एक कहानी 'पिघलती चट्टान' मैंने 1974 के आरम्भ में लिखी थी। तब बिलकुल नहीं जानती थी कि मेरे अचेतन मन की यह कौन-सी अभिव्यंजना है। मैंने इसकी पृष्ठभूमि नेपाल के स्वयंभू पर्वत के शिखर पर स्थित एक मन्दिर रखा था जहां एक नवयुवती 'राजश्री' रात के चौथे पहर में जाती है और वहां पहुंचकर दूसरी ओर की ढलान की ओर उतरते हुए वह बसीगा नदी के पथ को आकार

देती है, जिस नदी में कभी दो सौ वर्ष पूर्व उसके वंश की एक कुमारी ने जीवन से मुक्ति प्राप्त करने का मार्ग खोज लिया था।

राजश्री, मन के असमंजस में, वही मार्ग चुनती है जो कभी उसके वंश की एक कुमारी ने चुना था। साथ ही सोचती है—पैरों के लिए एक यही रास्ता क्यों बना है ?

कहानी आगे बढ़ती है तो राजश्री के मन में एक युग पलटता है। वह स्वयं को पहचान जाती है, जान जाती है कि किसी एक समय का सत्य हर समय का सत्य नहीं होता···और वह मृत्यु के ढलान की ओर से पैर लौटाकर जीवन की चढ़ाई के रास्ते को पकड़ लेती है।

पूरे दो वर्ष बीत गए। इस कहानी के पात्र के साथ अपने आपको जोड़कर कभी भी नहीं देखा था, कि एक रात को अर्धनिद्रा की अवस्था में, मेरे जीवन का समय-चक्र लगभग पैंतीस बरस पीछे चला गया और मैंने देखा—मैं मुश्किल से कोई बीस बरस की हूं, गुजरांवाला गई हूं, उसी गली, उसी घर में, जहां कभी मेरे पिता की बहन 'हाको' तहखाने में उतरकर चालीसा काटते हुए मर गई थी।··· कानों में वही आवाज़ आई, पैंतीस बरस पहले की, जब मुझे देखकर गली की 'जीवी' नाम की भक्तिन, जो पहले तो मुझे देखती रह गई थी; फिर अपने चकित चेहरे पर हाथ रखकर बोली थी—'हाय, मैं मर गई ! बिलकुल वही, वही हाको··· वैसी की वैसी···'

उस गली में मेरी बुआ हाको के समय की यही एक स्त्री थी जो अभी तक जीवित थी। उसने यह कहा तो मैंने शीशे में अपने चेहरे को देखकर पहली बार हाको के चेहरे की कल्पना की···यूं तो अपनी बुआ की सूरत से मेरी सूरत का मिल जाना एक स्वाभाविक बात हो सकती थी, पर लगा···यह प्रकृति का कोई रहस्य है, शायद होनी का संकेत। मैं उस समय मन की गहरी परेशानी से गुज़र रही थी। ब्याह हो चुका था, पर मन उखड़ा-उखड़ा था।···अपने चेहरे में हाको का चेहरा देखा तो आंखें भर आईं। लगा, हाको का अंत ही मेरा अंत है···

वही दिन थे जब मैंने मरना नहीं, जीना चाहा। तड़पकर सोचा—'पैरों के लिए एक यही रास्ता क्यों बना है ?' और फिर तड़पकर फैसला किया—'मैं हाको की तरह मरूंगी नहीं···जीऊंगी···'

जन्मों की बात नहीं जानती थी, पर सोचा, जीवी भक्तिन के कहे अनुसार यदि यह सच भी है कि पिछले जन्म में मैं ही हाको थी, तब भी इस जन्म में उस तरह मरूंगी नहीं···

पर यह आपबीती मुझे 1974 में कहानी 'पिघलती चट्टान' लिखते समय चेतन तौर पर बिलकुल याद नहीं थी। मेरा अचेतन मन न जाने किस समय ऊपर आकर यह कहानी लिखवा गया, और फिर, मेरी आंखों से भी अपने आपको

चुराता हुआ···मन की तहों में उतरकर अलोप हो गया···

कुछ घटनाएं बहुत ही थोड़े समय के बाद रचना का अंग बन जाती हैं, पर कुछ घटनाओं को कलम तक पहुंचने के लिए वर्षों का फासला तय करना पड़ता है। पहली तरह की घटनाओं में मुझे एक याद है जब मैं 1960 में नेपाल गई थी। लगभग पांच दिन तक शाम के समय किसी-न-किसी बैठक में कवि-सम्मेलन होता था, जहां कुछ नेपाली कवि रोज़ मिल जाते थे। उनमें एक कवि थे चढ़ती जवानी में, किन्तु बहुत ही गम्भीर स्वभाव के। मैंने केवल इतना ही जाना था कि वह रोज़ धीरे-से मेरी एक खास कविता की फरमाइश अवश्य करते थे, इससे ज्यादा और कुछ नहीं। पर जिस दिन वापस दिल्ली आना था, और कई कवियों के साथ वह भी एयरपोर्ट आए थे, और संयोग था कि उस दिन प्लेन एक घण्टे लेट था, प्रतीक्षा के सारे समय में वह मेरा भारी गर्म कोट उठाए रहे। फिर प्लेन के आने पर जब मैं उनसे कोट लेने लगी, तो उन्होंने धीरे-से कहा—'यह जो भार दिखाई देता है यह तो आप ले लीजिए, जो नहीं दिखाई देता वह मैं लिये रहूंगा'···और मैं बस चौंक-सी गई थी। दिल्ली पहुंचकर एक कहानी लिखी 'हुंकारा'—उनके बारे में नहीं, पर यह वाक्य अनायास ही उस कहानी में आ गया।

अब दूसरे प्रकार की घटना जो कलम तक पहुंचने में वर्षों लगा देती है—उसका एक उदाहरण मेरी कहानी 'दो औरतें' है, जिसमें एक औरत शाहनी है और दूसरी एक वेश्या, शाह की रखेल। यह सारी घटना लाहौर में आंखों के सामने होती हुई देखी थी। वहां एक धनी परिवार के लड़के का ब्याह था, और घर की लड़की-बालियां गा-बजा रही थीं। उस परिवार से मामूली-सा परिचय था। उस समय मैं भी वहां थी, जब यह पता चला कि लाहौर की प्रसिद्ध गायिका तमंचा जान वहां आ रही है। वह आयी—बड़ी ही छबीली, नाज़-नखरे से आयी। उसे देखकर एक बार तो घर की मालकिन का रंग हल्दी जैसा पीला पड़ गया। पर आखिर वह थी तो लड़के की मां—तमंचा जान जब गा चुकी तब शाहनी ने सौ का नोट निकालकर उसके आंचल में खैरात की तरह डाल दिया। इस समय नाज़-नखरे वाली हैसियत मिटने जैसी हो आई, पर अपना गरूर कायम रखने के लिए औरतों की उस भरी मजलिस में बोली—'रहने दो, शाहनी ! आगे भी तो इस घर का ही खाती हूं····' और इस प्रकार शाह से नाता जोड़कर जैसे उसने शाहनी को छोटा कर दिया।। मैंने देखा···शाहनी औरतों की उस भरी मजलिस में एक बार खिसियानी-सी हुई, पर फिर संभलकर लापरवाही से नोट को तमंचा जान को लौटाते हुए बोली—'सुन री, शाह से तो तू हमेशा ही लेगी, पर मुझसे तुझे कब-कब मिलेगा।'

यह दो औरतों का अजीब टकराव था, जिसकी पृष्ठभूमि में सामाजिक मूल्य थे। तमंचा चाहे लाख जवान थी, छबीली थी, कलाकार थी, और शाहनी मोटी

और ढलती आयु की थी और हर प्रकार से उस दूसरी के सामने साधारण थी, उसके पास पत्नी और मां होने का जो मान था, वह बाज़ार की सुन्दरता पर भारी था···

पर यह कहानी मैं पूरे पचीस वर्ष बाद लिख पायी।

1975 में मेरे उपन्यास 'धरती, सागर और सीपियां' के आधार पर जब 'कादम्बरी' फिल्म बन रही थी तो उसके डायरेक्टर ने मुझसे फिल्म का एक गीत लिखने के लिए कहा। अवसर वह बताया जब चेतना, सामाजिक चलन के खयाल को हाथ से परे हटाकर अपने प्रिय को अपने मन में, और तन में, हासिल कर लेती है। और इस मिलन और दर्द के स्थल पर खड़ी चेतना को सामने रखकर, मैं जब गीत लिखने लगी तो अचानक वह गीत सामने आ गया जो मैंने 1960 में इमरोज़ से पहली बार मिलने पर अपने मन की दशा के बारे में लिखा था। जो दशा मैंने अपने मन पर भोगी थी, लगा, वही अब चेतना को भोगनी है, और उस गीत से अच्छा कुछ और नहीं लिखा जा सकता। सो मैं अपने पंजाबी गीत को हिन्दी में अनुवाद करने लगी। तब मुझे लगा जैसे चेतना के रूप में मैं पन्द्रह बरस पहले की वह घड़ी फिर से जी रही हूं—

अम्बर की एक पाक सुराही, बादल का एक ज़ाम उठाकर
घूंट चांदनी पी है हमने, बात कुफ्र की की है हमने
कैसे इसका कर्ज़ चुकाएं, मांग के अपनी मौत के हाथों
यह जो ज़िन्दगी ली है हमने, बात कुफ्र की की है हमने
अपना इसमें कुछ भी नहीं है, रोज़े-अज़ल से उसकी अमानत
उसको वही तो दी है हमने, बात कुफ्र की की है हमने···

नीना मेरे 'आलना' उपन्यास की कल्पित पात्र थी, पर उसे लिखते हुए उसके नैन-नक्श मेरे मन में इस तरह उभर आए थे कि एक दिन वह मेरे सपने में आ गई। बहुत गुस्से में पहले चुपचाप मेरे पास आकर खड़ी रही, फिर तड़पकर कहने लगी, 'तुमने मेरा अन्त इतना दुःखान्त क्यों बनाया? क्यों? अगर मैं जीवित रहती, तुम्हारा क्या हरज होता? तुमने मुझे क्यों मरने दिया? क्यों? मैं जीना चाहती थी···'

उपन्यास में एक जगह नीना कहती है, 'मेरी मां भी सुखी न हो सकी, वह शायद मैं ही थी पहले जन्म में, और अब मैं सुखी न हो सकी दूसरे जन्म में, शायद अपनी पुत्री के रूप में सुखी होऊंगी—तीसरे जन्म में···। यह जन्मों की बात मैंने किसी जन्मों में विश्वास के कारण नहीं लिखी थी, केवल तीन पीढ़ियों की बात को प्रतीकात्मक रूप में ढाला था। पर यह बात मेरी पाठक लड़कियों में से एक के मन में इतनी गहरी बैठ गई कि उसने अपने आपको नीना समझ लिया और यह विश्वास भी कर लिया कि वह मरकर तीसरे जन्म में जाएगी तो सुखी होगी···

वह मुझे पत्र लिखती पर अपने नाम और पते के बिना, केवल इतना ही लिखती, 'मैं आपके उपन्यास की नीना हूं'—मैं उसे इस वहम से निकालना चाहती थी, कि वह इस कहानी में अपनी किस्मत की परछाईं न देखे। पर कमबख्त ने कभी भी मुझे अपना पता नहीं लिखा। मैं नहीं जानती उसके साथ ज़िन्दगी में फिर क्या हुआ···

इसी प्रकार उपन्यासों-कहानियों के कई पात्र पाठकों के लिए इतने सजीव हो उठते हैं कि वे पत्रों में मुझे लिखते हैं—वह ऐना, वह अलका, वह अनीता जहां भी है उसे प्यार देना···

'एक थी अनीता' उपन्यास जब उर्दू में छपा तो हैदराबाद से वेश्या घराने की एक औरत ने मुझे पत्र लिखा कि वह उसकी कहानी है। उसकी आत्मा भी उसी प्रकार पवित्र है, उसकी जिज्ञासा भी वही है, केवल घटनाएं भिन्न हैं। और उसने अपना नाम-पता बताकर लिखा कि अगर मैं उसकी कहानी लिखना चाहूं तो वह कुछ दिनों के लिए दिल्ली आ सकती है। मैंने उसे पत्र लिखा, पर उसके बाद कभी उसका पत्र नहीं आया, न जाने उस इतनी संवेदनशील औरत का क्या हुआ।

हां, 'एरियल' नॉवलेट की मुख्य पात्रा मेरे पास आकर लगभग डेढ़ महीने मेरे घर पर रही थी ताकि मैं उसकी ज़िन्दगी पर कुछ लिख सकूं। नॉवलेट लिखकर पहले उसे सुनाया था। इस रीडिंग के समय उसकी आंखों में कई बार संतोष के आंसू आए। इस प्रकार अगर किसी व्यक्ति-विशेष पर कहानी या उपन्यास लिखूं तो उस पात्र की तसल्ली मेरे लिए कहानी छपने से अधिक ज़रूरी होती है। मेरा विश्वास है कि रचना मानव जीवन के अध्ययन के लिए है, न कि कुछ लोगों को दुखाने के लिए या उनके बारे में चौंकाने वाली अफवाहें फैलाने के लिए, जैसाकि हमारे कुछ पंजाबी लेखक करते हैं।

'बुलावा' नॉवलेट मैंने बम्बई के प्रसिद्ध कलाकार फैज़ के जीवन पर लिखा था। उन्होंने रेस के घोड़ों पर केवल पैसा ही नहीं लगाया, अपना सारा जीवन लगा दिया है। उनकी कला और उनका यह घातक शौक दोनों परस्पर-विरोधी दिशाएं हैं। इसी खींच-तान में पड़े हुए उनके जीवन के आवारा वर्षों की कथा लिखने की कोशिश की थी। पर लिखकर सबसे पहले यह नॉवलेट उन्हें ही सुनाया और उनकी अनुमति लेकर प्रेस में दिया।

इसी प्रकार कई कहानियां हैं। एक किसी देश के राजदूत की बड़ी प्यारी और उदास पत्नी पर लिखी थी जिसे उसके पढ़ने के लिए पहले अंग्रेज़ी में अनुवाद करवाया और फिर उसकी अनुमति लेकर प्रेस में दिया। दो-तीन कहानियां मैंने अपनी एक बहुत अच्छी दोस्त की ज़िन्दगी पर लिखी हैं, उसकी ज़िन्दगी के बड़े नाज़ुक वक्तों के बारे में—पर छापने से पहले उसे सुनाईं, उसके कहने के अनुसार शहरों और पात्रों के नाम भी इस तरह बदले कि कोई उसका नज़दीकी रिश्तेदार

भी पहचान न सके।

एक कहानी एक विदेशी औरत पर भी लिखी थी—उसमें कहानी का अन्त बदलना पड़ा था। कहानी में उसकी मृत्यु हो जाती है। पर वर्षों बाद मैं उसके देश गई तो वह कसकर गले लगकर मिली। उसके पहले शब्द थे, 'देखो, मैं अभी भी ज़िन्दा हूं। कहानी की मृत्यु में से गुज़रकर भी ज़िन्दा हूं।' और उस दिन हम दोनों ने साथ-साथ तसवीरें खिंचवाईं। उसने अपने देश में मेरे लिए कई सौगातें खरीदीं।

सच में, मेरे पात्र और उनका मेरे लिए प्यार, मेरी असली अमीरी है। मैं नहीं जानती कि जो लेखक अपने पात्रों के दिलों को दुखाकर कहानियां गढ़ते हैं, उन्हें ज़िन्दगी में क्या हासिल होता है।

उपन्यास 'जेबकतरे' जब लिख रही थी तो उसमें जेल में पड़ा हुआ एक पात्र तनवीर एक कविता लिखकर किसी प्रकार जेल के बाहर भिजवाता है और कविता के नीचे अपने नाम के स्थान पर कैदी नम्बर लिखता है—689/9।

मैंने यह नम्बर अचेतन रूप से लिखा तो याद आया कि यह गोर्की का नम्बर था जब वह कैद में था जो मैंने मास्को में उसके स्मारक को देखते समय कभी अपनी डायरी में नोट कर लिया था। फिर आगे उपन्यास की कहानी में मैंने उसे चेतन तौर पर बरत लिया···

हां, इस प्रकार कभी यह मालूम नहीं होता कि चेतन और अचेतन रचनाएं कब और कहां रिल-मिल जाती हैं।

उपन्यास 'जेबकतरे' मैंने अपने युवा होते हुए पुत्र के जीवन के आधार पर लिखा था। इससे पहले एक कहानी लिखी थी 'कहानी दर कहानी,' जिसकी घटना यह थी कि एक बार छुट्टियों में होस्टल से घर आए हुए मेरे बेटे ने अपनी एक बंगालिन दोस्त को पत्र लिखा, बड़े एहसास के साथ, कि इस समय मेरे कमरे में बेथोवन का संगीत है और मैं तुम्हें पत्र लिख रहा हूं, पर तुम्हें पत्र लिखना ऐसा है जैसे कोई अपने ही घर का दरवाज़ा खटखटा रहा हो···उत्तर में उस लड़की का जो पत्र आया वह बहुत साधारण था। शाम का गहरा अंधेरा था जिस समय वह एक कागज़ लिए मेरे कमरे में आया। मैं उस समय तक न उस पत्र के बारे में जानती थी, जो उसने लिखा था और न उसके बारे में जो उत्तर में आया था। उसने कहा, 'मामा, मैंने एक लड़की को एक खत लिखा था, पर उसकी समझ में ही नहीं आया। वह आपको सुनाऊं?' और उसने मुझे वह खत सुनाया। खत की रफ कॉपी उसके पास थी। फिर कहने लगा, 'जवाब में जो खत आया है वह ऐसा है जैसे मौसम का हाल लिखा हो।' मैंने पूछा, 'अब उसे और खत लिखना चाहोगे?' तो वह कहने लगा, 'नहीं, उसका खत इतना साधारण है, पढ़कर लगता है जैसे मैं मुख्य दरवाज़े से अन्दर गया और पीछे के दरवाज़े से बाहर आ गया।'

और मैंने कुछ दिनों बाद इसी छोटी-सी बात के आधार पर एक कहानी लिखी थी। पर अब जब उपन्यास लिखा तो उसका क्षेत्र बहुत बड़ा था, उसमें यूनिवर्सिटी के होस्टल का जो वातावरण है, वह मेरे अपने लड़के के दोस्त हैं, जवान हो रहे स्वप्नों से चौंकते हुए, भूख, भय और समय से फ्लर्ट करते हुए—जीवन को अपने-अपने कोण से देखते हुए, और अपनी-अपनी अनुभूति की पीड़ा को झेलते हुए···

बुनियादी घटनाएं मेरे पुत्र के और उसके मित्रों के जीवन की हैं। पर यह अपने से आगे की पीढ़ी को समझाने का यत्न था। इसमें मैंने अपने आपको चाहे एक दर्शक के समान रखा था, फिर भी अचेतन तौर पर इसके अनेक विचारों में समा जाना स्वाभाविक था। जब मैंने इसे लिखकर अपने बेटे को पढ़ने के लिए दिया तो चाहे उससे भी पहले उसके मित्रों ने इसे पढ़ा, वे अपना चेहरा पहचानते रहे और मुझे कम्पलीमेंट देते रहे, पर जब मेरे लड़के ने पढ़ा, कई स्थानों पर बहुत कुशलतापूर्वक लिखने पर कम्पलीमेंट भी दिया, पर कहा—'अगर यह उपन्यास मैं लिखता, तो कुछ और ही तरह लिखता।' यह ठीक है—आखिर मेरे लिए यह एक पूरी पीढ़ी के फासले को लांघने का यत्न था, पर फासले को लांघने वाले पैर अपने थे, पहली पीढ़ी के, इसलिए 'मेरे समय के आदर्शवाद' का उसमें घुल जाना स्वाभाविक था···

इस उपन्यास में जिन सविता और रवि का विवाह मैंने विस्तार-सहित लिखा है, वे उपन्यास छपने के कई वर्ष बाद, मेरे पुत्र से मिलने आए, मुझसे भी मिले। वे किताब में छपे हुए अपने विवाह के वर्णन को पढ़कर हंसते रहे और मैं अपने पात्रों को देखती रही···अब उनके एक प्यारा-सा बच्चा भी था, उनके घबराकर किये हुए विवाह की परिपुष्टि···

खैर, अपने पात्रों को इस प्रकार देखना, जो एक प्यारा अनुभव है, वह एक अलग बात है। मैं उपन्यास के लेखन-काल की बात कर रही थी। इसका विचार उस पत्र से बंधा था जो मेरे पुत्र ने मुझे होस्टल से लिखा था। उपन्यास में यह पत्र पांचवें परिच्छेद के आरंभ में है जिसमें उपन्यास का मुख्य पात्र कपिल पत्र को समाचारपत्र का रूप देता है, उसका नाम 'द टाइम्स ऑफ कपिल' रखता है, और समाचारपत्र के जारी होने की वह तारीख लिखता है, जो उसके अपने जन्म की तारीख है, और इस समाचारपत्र की बिक्री सबसे अधिक जिस शहर में होती है, वहां अपनी मां का ऐड्रेस लिखता है। फिर समाचारपत्र के छः कॉलम बनाता है, जिनमें खबरों की शक्ल में मां को पत्र लिखता है···

मेरे लड़के का नाम नवराज है। पर उसे प्यार से 'शैली' भी पुकारते हैं। मेरे पास उसका वह पत्र 'द टाइम्स ऑफ शैली' अभी तक रखा हुआ है···

वह होस्टल से जब भी छुट्टियों में घर आता था, होस्टल की बहुत-सी बातें

विस्तार से सुनाया करता था। उस पत्र के बाद जब वह आया तो मैंने उपन्यास शुरू करने से पहले, उसे पास बिठाकर नोट्स लेने शुरू किए···

फिर जब उपन्यास शुरू किया, तो एक बार उसने कहा—'मामा ! आपने अपनी ज़िन्दगी को नया मोड़ दिया, पर क्या आप जानती हैं, हम दोनों बच्चों ने इसके लिए कितना मैन्टली सफर किया है ?'

घर टूटता है तो मासूम बच्चे टूटते हुए घर के कंकड़ों को किस तरह अपने शरीर पर झेलते हैं, इसकी पीड़ा मेरे मन में थी। कहा—'जैसे गरीब मां के घर जन्मे बच्चे को मां की गरीबी भुगतनी पड़ती है, उसी तरह मन की पीड़ा में से गुज़रती हुई मां के घर जन्मे बच्चों को उसकी पीड़ा भी भुगतनी पड़ती है—मां के नैन-नक्शों की तरह···'

जानती हूं—इस पीड़ा को मेरे बच्चों ने भुगता है, पर मेरी लड़की ने सारे समय की लम्बाई में कभी भी मेरे साथ हमदर्दी नहीं छोड़ी, पर पुत्र ने कुछ समय के लिए ज़रूर छोड़ दी थी, बचपन से लेकर जवान होने तक के समय में। यह शायद एक के लड़का और एक के लड़की होने का अन्तर था। आज भी मेरी नन्ही-सी, अनजान-सी बेटी के वे बोल मेरे कानों में हैं। जब नवराज की किसी समय की बेरुखी से मैं उदास हो जाती थी, तो कंदला कहा करती थी—'मामा ! आप बहुत सोचा न करें, सैली बड़ा हो जाएगा तो अपने आप ठीक हो जाएगा।'

खैर, उस दिन मेरे बेटे ने कहा—'मामा ! इस उपन्यास में आप उस बच्चे की परेशानी लिख सकती हैं जो मां-बाप का घर टूटने पर वह भुगतता है ?'

'हां, पूरी जुरअत के साथ'—मैंने कहा, और उपन्यास के अन्तिम भाग में कपिल के 'मिड नाइट विज़न' की शक्ल में उस परेशानी को लिखने की कोशिश की···

मेरे मन को केवल उन्होंने दुखाया है जिनका मेरी ज़िन्दगी से कोई वास्ता नहीं था। उनके साथ केवल एक ही दुःखान्तक सम्बन्ध था कि मैं उनकी समकालीन लेखिका थी। वे न मेरे पाठक थे, और न वे, जिन्होंने इस पीड़ा में से अपनी-अपनी मुट्ठी भरनी थी।

यह किताबों के नहीं, ज़िन्दगी के पृष्ठ हैं, पर इन पर लिखा हुआ केवल उन लोगों की समझ में आता है जिन्होंने ज़िन्दगी के बवंडर अपने शरीर पर झेले हैं और जो हाथों की ताकत केवल अपने मन से लेते हैं।

आजकल बासु भट्टाचार्य मेरे और इमरोज़ के बड़े प्यारे दोस्त हैं। वह जब अत्यन्त गरीबी के दौर से गुज़र रहे थे, जब उन्होंने अपनी ज़िन्दगी की एक सुन्दर वास्तविकता कमरे में बिठाई हुई थी—अपनी पत्नी रिंकी, फिल्म जगत् के बहुत बड़े निर्माता विमल राय की बेटी—जिसे वह बगावत के ज़ोर से अपनी पत्नी बनाकर घर ले आए थे—और दरवाज़े के बाहर, दहलीज़ की परली ओर, गरीबीको

बिठाया हुआ था, उन दिनों की बात सुनाते हुए वह कहते हैं—'गरीबी थी, पर मैं उसे अन्दर नहीं आने देता था। वह बाहर बैठी रही। घर मेरा था, मैं अन्दर बुलाता तब वह आती न, ऐसे ही कैसे आ जाती ?'

ज़िन्दगी का 'है' अक्षर देखते-देखते कब 'था' हो जाता है, आज तक किसी की पकड़ में नहीं आया, मेरी पकड़ में भी नहीं आया। इस रसीदी टिकट के पहले संस्करणों में मेरे दोनों बच्चों के ब्याहों का ज़िक्र था, पर इसी किताब का तीसरा संस्करण छपने तक वह ज़िक्र 'था' हो चुका है।

जो लिखा था, वह उस समय की हकीकत था। पर नहीं जानती थी कि उस हकीकत की उम्र इतनी छोटी होगी। इसलिए मन की उदासीनता में से वह ज़िक्र नहीं दोहरा रही। सिर्फ यह कह सकती हूं कि आज दोनों बच्चे अपने-अपने मन की ताकत से, अपनी-अपनी ज़िन्दगी के उदास तजुर्बे को, अपने-अपने दरवाज़े के बाहर, दहलीज़ की परली ओर रखने की कोशिश कर रहे हैं।

सोचती हूं—आज यह जो कुछ अपने मन के भीतर का कागज़ों पर रखकर दिखा रही हूं, यह केवल उनके लिए है जो संसार की परम्पराओं और कठिनाइयों और उदासियों को दरवाज़े के बाहर बिठाकर, मन के सच को जीने का साहस कर सकते हैं···

—आत्मकथा **रसीदी टिकट** से

अचेतन मन के इशारे

1986 में, जब मैं 'एनसाइक्लोपीडिया ऑफ अनएक्सप्लेन्ड' पढ़ रही थी तो कई हवाले सामने आए कि दुनियां में कई लोग ऐसे होते हैं, जिनको किसी दैवी-शक्ति की मदद मिल जाती है, और उनसे कई किताबें लिखवा लेती है। पर अपने बारे में मुझे कभी ऐसा अहसास नहीं हुआ। मैंने आज तक जो लिखा है, अपने साथ, और अपने चारों ओर घट रही घटनाओं की बुनियाद पर हमेशा चेतन मन से लिखा है।

कई नज़्में ज़रूर हैं—जो पूरी या अधूरी सपने में लिखीं और फिर जागकर कागज़ पर उतार लीं, पर उनके बारे में भी कभी इस तरह की शंका नहीं हुई कि मुझे वह किसी दैवी-शक्ति ने लिखवाई थीं···

पर 1986 में 8 फरवरी की सवेर को एक ख्याल आया कि मैंने जितनी कहानियां चेतन मन से लिखी थीं, और जिनका धागा आंखों देखी घटनाओं के साथ जुड़ा हुआ था, क्या उनमें कोई अंश इस तरह के भी मिले हुए हैं जो मेरे अचेतन मन ने मेरे से लिखवाये थे ?

सी० जी० युंग के लफ्ज़ों में, "बहुत छोटी उमर से ही मुझे पता था कि किस्मत ने यह मेरी ज़िन्दगी जो मेरे नाम रकम की है, यह किसी मकसद का कर्ज़ उतारने के लिए है···" और युंग अपनी इस हालत को एक ही फिकरे में 'ब्लडी-स्ट्रगल' भी कहता है और 'सुप्रीम एक्सटेसी' भी···

युंग को मैं बीसवीं सदी का वह विद्वान मानती हूं जिसने मनोविज्ञान के मुतालिया को, फ़ित्री-मुतालिया में से निकालकर रूहानी मुतालिया तक पहुंचा दिया। ऋषि चिन्तन तक मुझे ऐसा कोई दावा नहीं, पर मैंने युंग के अन्तरमन की अवस्था भोगी है। वह जिसे एक ही सांस में 'ब्लडी-स्ट्रगल' भी कहा जा सकता है, और 'सुप्रीम एक्सटेसी' भी।

आज इसी अन्तरमन की कुछ गहराई को पाने के लिए मैं अपने नावेलों के किरदारों को आए कुछ वह सपने और वह वाकियात अपने सामने रख रही हूं, जो दरअसल वह नावेल लिखते हुए मैंने बड़े चेतन मन से लिखे थे। पर नहीं जानती कि उनमें मेरे अचेतन का कौन-सा और कितना अंश मिला हुआ था, कि कुछ-कुछ बरसों, या कुछ-कुछ महीनों के फासले के बाद, वह मेरे साथ घटित हो गए···

मेरा नावेल 'डॉक्टर देव' पहली बार 1949 में छपा था। वह किसी ममता और किसी डॉ० देव की उस मुहब्बत की दास्तान थी, जो मन के रास्ते चलती दोनों के तन में से भी गुज़र गई थी, पर उसे धरती पर पैर रखना नसीब नहीं हुआ था—

मां-बाप के फैसले की दीवार, जब उनके रास्ते में खड़ी कर दी जाती है, तो ममता की कोख में से जन्मा पुत्र भी किसी और दीवार के पीछे रख दिया जाता है। उस पुत्र से और मन के मर्द से बिछुड़ कर ममता के लिए समाज के दायरे में जो घर बनाया जाता है, वहां जब वह एक बच्ची को जन्म देती है, तो उसके नक्शों में से, जबर्दस्ती छीने गए पुत्र के नक्शों को अलग नहीं कर पाती, तो एक दिन तड़प कर, अपने तन-मन का सारा दर्द, घर के आंगन में रख देती है, और उस घर को विदा कहकर किसी स्कूल में छोटी-सी नौकरी करने लग जाती है···

वह ममता जब संसार के रिश्तों के सब धागे खोल देती है, तो स्कूल के रिहायशी कमरे में रहते, उसे एक रात एक सपना-सा आता है "कमरे की हल्के नील के साथ पोती हुई दीवारें, इस तरह मुलायम होती गईं, कि शान्त नीले पानी की तरह दिखने लगीं···ममता की चारपाई एक नाव की तरह उस पानी में हिलने लगी··· वह नाव शान्त पानी में पानी के बहाव की ओर बहने लगी, तो ममता की नज़र उन किनारों की ओर गई, जहां कई परछाइयां दिख रही थीं···उन्हीं परछाइयों में से एक चेहरा देव का नज़र आया, हमेशा की तरह पवित्र दिखता हुआ, जिसकी तरफ देखते ही ममता की आंखें भर आईं, और होंठ हिलने लगे—विदा देव! विदा! दिल करता है नाव खड़ी हो जाए, मैं किनारे पर आ जाऊं, पर अब

हिम्मत नहीं···यह पानी का बहाव अब मुझ किनारे से बहुत दूर ले आया है···

नाव उसी तरह आगे बढ़ती गई। देव की परछाईं पीछे रह गई। और किनारे की आगे की वीरानी में उसको जगदीश का चेहरा दिखाई दिया, जिसके घर उसके मां-बाप ने उसकी डोली भेजी थी, तो ममता को लगा—उस चेहरे पर एक उदासी थी, एक शिकवा था, और हमदर्दी थी। ममता ने आंखें झुका लीं, और कहा—मुझे माफ कर देना, आप मोतियों के व्यापारी थे, पर मैं जब आई, तो मेरे पास सिर्फ खाली झोली थी···आपके सामने मेरी गरीबी शरमा गई···मैं आपको कुछ भी नहीं दे सकी···

नाव उसी तरह पानी में चलती रहती है, और ममता को एक वीरान किनारे पर एक बच्चे की सूरत दिखाई देती है, जो ममता की ओर देखता रहता है, पर पहचान नहीं सकता···और ममता ने कांप कर अपना सिर नीचे कर लिया।···

फिर थोड़ी-सी दूरी पर—उसी किनारे पर एक बच्ची की सूरत दिखाई देती है, जो किनारे की रेत मिट्टी में घुटनों के बल चलती-चलती उसकी ओर देखती है, और मसता को लगता है—यह बच्ची अभी पानी में गिर जाएगी—वह घबरा कर बांहें पसारती है, कि बच्ची को बांहों में ले ले, पर उसकी बांहें फैली रह जाती हैं, किनारा दूर पीछे रह जाता है···

नाव उसी तरह पानी में चल रही है, और ममता को अब किनारे पर खड़े कई बुत दिखते हैं—मां का, बाप का, बड़े भाई का, बड़ी बहन का, और वह सभी घुटनों के भार झुके हुए कह रहे हैं—हमें माफ कर दो बच्ची ! हमें माफ कर दो बहन, हम गुनहगार हैं···

और ममता को इन चारों के सिरों पर लटकती कई और परछाइयां दिखाई देती हैं—उन पूर्वजों की, उन संस्कारों की, जो उससे पहचाने नहीं जाते। पर वह सबकी ओर देखती है, तो उसके मुंह से निकलता है—ईश्वर तुम्हें माफ करे।

फिर यही नाव थी, जो धीरे-धीरे उस चारपाई की सूरत अख्तियार करने लग पड़ी, जिस पर ममता उस रात सोई हुई थी, और नीला पानी जमकर कमरे की नीली दीवारें बनने लग गया···

इस नावेल का, अर्द्ध-चेतना की अवस्था में ममता को आया सपना मैंने 1948 में लिखा था। और चाहे लिखने के दौरान मैं ममता की अर्द्ध-चेतना वाली कैफियत में से खुद भी गुज़री थी, पर मेरा एक लेखक का, एक हिस्सा इस सबकुछ से अलग था, जो सिर्फ दर्शक था, और सिर्फ लेखक।

पर मैं कुदरत के इस राज़ को नहीं जानती, कि ठीक यही सपना, पूरे बारह साल बाद 1960 में मेरे साथ किस तरह घटित हो गया···

मैंने जब समाज के सभी रिश्तों की गांठें खोलकर, अपनी ज़िन्दगी इमरोज़ के साथ जीने का, कदम उठाया था, तो मेरे दोनों बच्चे, उनका बाप, और मेरे सगे-

सम्बन्धी किनारों पर खड़े ठीक उसी तरह नज़र आए थे, जिनसे मैं विदा भी माग रही थी, और क्षमा भी···

1948 में, जो हालात ममता की ज़िन्दगी के थे, उनका कोई असर मेरी ज़िन्दगी में कहीं दिखाई नहीं देता था। पर बारह बरस के बाद, वह सारे आसार अचानक मेरी ज़िन्दगी के आसमान पर काले बादलों की तरह उमड़-घुमड़ आए, और उन बादलों में बरसती मूसलाधार बारिश में, मेरे घर कमरे की सारी दीवारें भी उसी तरह धुल गईं···जैसे ममता के कमरे की धुली थीं। और मेरी चारपाई भी ममता की चारपाई की तरह एक नाव बनकर पानी में बहने लगी थी।

'बन्द-दरवाज़ा' नाम का मेरा एक नावेल 1961 में छपा था। उसमें कम्मी और सुमेश की मुहब्बत, तिनका तिनका जोड़कर, अपने लिए एक घोंसला बना लेती है कि अचानक समाज की एक दिशा से एक ऐसी हवा चलती है कि वह घोंसला डगमगाने लग जाता है। सुमेश के मन में दुविधा आने लगती है। उसके बाप की ओर से उसे ऐसी पेशकश मिलती है, जिसकी छत्र-छाया अगर वह कबूल कर ले, तो दुनियावी सफलता का एक बड़ा-सा रास्ता उसके लिए खुल सकता है। उस वक्त कम्मी की मुहब्बत उसको किसी रास्ते की हिम्मत नहीं, बल्कि रास्ते की रुकावट लगने लग जाती है। और कम्मी उसको अपने से अलग करने के लिए, उस घोंसले को खुद ही त्याग देती है जो कभी दोनों ने तिनका-तिनका जोड़कर बनाया था···

और कम्मी जब उस घोंसले से बाहर पैर रखती है, तो सुमेश के लिए एक खत लिखकर, उस खाली घोंसले में रख आती है—"सुमेश! तेरा घर तुझे मुबारिक। धर्म के, समाज के, शोहरत के, इज्जत-आबरू के,—कितने सुन्दर फूल हैं तेरे फूलदान में, और महल की तरह सजा हुआ तेरा घर—पर मेरी मुहब्बत रास्ते की धूल की तरह तेरे पैरों पर पड़ गई। आज तू अपने सुन्दर घर में जाते समय एक पायदान से अपने पैर पोंछ लेना।"

यह नावेल मैंने 1960 के अगस्त के महीने में लिखकर जब इमरोज़ को सुनाया था, तो उसने नावेल की पाण्डुलिपि को चूम कर कहा था, "हमारी दोनों की ज़िन्दगी के हालात कम्मी और सुमेश के हालात हैं, पर हमारी जिंदगी का अन्त यह नहीं होगा, जो कम्मी और सुमेश की ज़िंदगी का हुआ···"

पर खुदा का करम और खुदा का कहर कौन जान सकता है। ठीक तीन महीने बाद, मैं ठीक उसी स्थान पर खड़ी थी, जहां तीन महीने पहले कम्मी खड़ी थी···

और एक भयानक हकीकत सामने थी कि जो खत कम्मी ने सुमेश के नाम लिखा था, वह असल में मैंने लिखा था, इमरोज़ के नाम, पर तीन महीने पहले···

खत वही रहा था, पर उस पर के दस्तखत बदल गए थे···

कुछ सपने कुछ संकेत

8 दिसम्बर, 1977 की रात को भयानक सपना देखा था, वह था कि कहीं कई केबिन्स सी बनी हुई हैं। जिस केबिन में मैं अकेली रहती हूं, उसके साथ की केबिन में कोई सिपाही रहते हैं, जो जर्मन दिखते हैं। हर केबिन का दरवाजा आधा लकड़ी का बना हुआ है, आधा, ऊपर के हिस्से की तरफ से, शीशे का। जिसमें से साथ की केबिन में देखा जा सकता है। उसी में से देखती हूं कि वो सिपाही कुछ आदमियों को इस तरह मार रहे हैं कि उनके खून के छींटे उड़-उड़कर दीवारों पर पड़ रहे हैं। मेरी केबिन में से सिर्फ मारने वाले हाथ दिखाई देते हैं, उनके भयानक मुंह भी, पर नीचे फर्श पर जो लोग मारे जा रहे हैं, वो नहीं दिखाई देते···।

मैं घबराकर अपनी केबिन की चिटकनी अन्दर की तरफ से अच्छी तरह बन्द कर लेती हूं, पर इसी घबराहट में जाग आ जाती है···

और फिर 9 दिसम्बर की रात थी, उसी 1977 के वर्ष की, जब देखा कि मैं एक बड़े से मकान में किसी को मिलने गई हूं। किसको ? यह पता नहीं। पर जब मकान में से वापिस आ रही हूं, ऊपर की मंजिल से नीचे की ओर तो देखती हूं, कि उस मकान के बड़े से आंगनों में, और साथ लगते बाहर के बरामदे में बहुत से लोग बैठे हुए हैं, जो सारे ज़ख्मी हैं। और सबकी टांगे-बांहें जुड़ी हुई हैं। मैं किसी की शक्ल नहीं पहचान रही, पर अन्दर से एक अहसास सा होता है कि सारे लेखक हैं···

देखती हूं—मेरी भी टांगें जुड़ी हुई हैं, और मैं फर्श पर से चलकर नहीं, टांगों को घसीट कर मकान से बाहर आ रही हूं···

सामने एक सड़क दिखाई देती है, जहां इमरोज़ खड़ा हुआ है, और मेरी इन्तज़ार कर रहा है। और साथ ही बरामदे में से बाहर की तरफ आते हुए मुझे अहसास होता है कि बस एक बार इस मकान में से निकल जाऊं, तो बाहर सड़क पर इमरोज़ के पास पहुंच कर मेरी टांगें ठीक हो जाएंगी···

और फिर उसी साल के 31 दिसम्बर की रात थी, जब मेरे घर की नीचे की मंजिल में मेरा बेटा अपने दोस्तों के साथ नये साल का जश्न मना रहा था, और बच्चों के नाच की और संगीत की आवाज़ सुनते हुए मैं इत्मीनान के साथ सो गई थी कि देखा···एक बहुत बड़ी इमारत है, जिसमें इन्दिरा गांधी अकेली खड़ी हुई हैं। उसी तरह हसीन और नाजुक बदन दिखाई देती हैं। पर हैरान सी होती हूं कि उनकी आँखों पर काले रेशम की एक पट्टी बंधी हुई है, और वह हाथों के साथ खाली स्थानों को ऐसे टटोल रही हैं, जैसे आंख-मिचौनी खेल रही हों। पर वह किन

लोगों के साथ आंख-मिचौनों खेल रही हैं, वह लोग कहां छुपे हुए हैं, यह नहीं दिखाई देता···।

यह सारे सपने मेरी एक किताब 'अमृता की डायरी' में छपे हुए हैं। पर यह आने वाले बरसों में घटित होने वाले हादसों का कोई संकेत थे, यह मैंने तब बिल्कुल नहीं जाना था।

होनी के संकेत

जिस तरह दैवी सपने किसी आने वाली शुभ घटना की सूचना दे जाते हैं, ठीक उसी तरह मनफी ताकतों के हाथों घटने वाली घटनाओं के इशारे बड़े बलवान होते हैं।

इस संग्रह में—मनफी ताकतों—की बात करते हुए मैंने जितने भी अपने भयानक सपने लिखे हैं, वो कुछ-कुछ दिनों के अन्तर के बाद सारे सच होते देखे हैं। और जिन लोगों के नाम और चेहरे मैं अपने चेतन मन से किसी मनफी ताकत के साथ नहीं जोड़ सकती थी, वह अचानक झपटते हुए बाज की तरह मैंने शैतानी ताकतों के साथ जुड़ते देखे हैं।

खुदा जाने—अचेतन मन के पास किस तरह की दिव्य-दृष्टि होती है कि वह उस हद तक उन हकीकतों को देख आता है, जहां न चेतन मन की नज़र पहुंचती है, न कोई सोच पहुंच सकती है···

नीना की दास्तान

23 सितम्बर, 1985 की रात···मैंने भृगु के मुंह से यह तो सुन लिया कि इस वंश को किसी स्त्री का दिया हुआ शाप था, जो दस पीढ़ियों तक चलना था, पर मन में एक गहरी लगन लग गई—यह जानने की कि वह शाप किसी स्त्री ने क्यों दिया था? और दस पीढ़ियों पहले जो कोई मेरा पूर्वज था, उससे क्या गुनाह हुआ था?

पर यह भेद बताने वाला मुझे कोई नहीं मिला। मैं हार सी गई थी—जब मैंने काटवे योगी की एक किताब पढ़ी, जिसमें कुछ ब्यौरा था···

"जायदाद के लोभ में अगर किसी को ज़हर देकर कोई उसका कत्ल करता है, तो वह शाप उसकी तीन पीढ़ियों तक चलता है···"

"अगर किसी विधवा स्त्री का धन कोई छीन लेता है, तो उस दुखी औरत का शाप पांच पीढ़ियों तक चलता है···"

"किसी निर्दोष औरत पर अगर कोई झूठा इल्ज़ाम लगाता है, तो उस निर्दोष स्त्री का दिया हुआ शाप सात पीढ़ियों तक चलता है···"

यह ब्यौरा बस इतना ही था। कोई शाप सात पीढ़ियों से आगे जाता नहीं दिखाई दिया था। और मेरी लगन और तीव्र हो गई कि आखिर वह शाप किस

बात का हो सकता है, जो दस पीढ़ियों तक जा सकता है···

यह एक ऐसा आलम था जहां दूर तक कोहरा सा बिछा हो, दूर क्षितिज तक, और मेरे भीतर इस तरह की शिद्दत जल रही थी कि मैं उस क्षितिज के पार देखना चाहती थी···

फिर 1986 के फरवरी महीने की पांच तारीख थी, रात का पहला पहर था, कि मेरी आंखों के सामने एक बड़ी ही सुन्दर मूर्ति की तरह तराशी हुई, एक पतली सी लड़की आ खड़ी हुई, जिसकी ओर मैं देखती रह गई···

वह मूर्ति की तरह ही चुप थी। पर लगा—उसका चेहरा पहचाना हुआ सा है। कब देखा था? कहां? कुछ याद नहीं आ रहा था···

और फिर बिजली की कांपती सी रेखा की तरह याद आया कि मैंने 1952 में एक नावेल लिखा था, 'आल्हण'। उस नावेल में उन बच्चों की दास्तान थी जो किसी डॉक्टर के अस्पताल में पल रहे थे—और जिन्हें उनके मां-बाप ने त्याग दिया हुआ था···

उसी नावेल की मुख्य किरदार थी—नीना, जिसके हुस्न और अहसास के साथ मुहब्बत का दुखान्त घटित हुआ था। और नावेल को लिखने के कुछ बरस बाद मुझे सपना आया था कि उस नावेल की नीना मुझे बड़े शिकवे के साथ कह रही थी तूने मेरी किस्मत किस तरह की गढ़ दी? मैं रोती रहूं, तुझे अच्छा लगता है? मैं सोना चाहती थी, पर तूने अपनी कहानी में मुझे जीने क्यों नहीं दिया?

और मैंने बिजली की सी झलक में पहचाना कि अब 1986 में, मूर्ति की तरह बनी हुई, जिस लड़की की झलक मुझे दिखी है, यह वही नीना है, जो बहुत साल हुए मेरे सपने में आकर मुझे उलाहना दे गई थी···

तब मैंने उस सपने को नावेल की कहानी के अलावा कहीं नहीं जोड़ा था। और न ही इस बात के साथ कि उसी नीना के मुंह से, मैंने यह क्यों लिखा था—"मेरी मां की भी यही किस्मत थी···अब मेरी भी वही किस्मत है···यह मेरी सूरत में मेरी मां का जन्म था···अब शायद अगले जन्म में मेरी किस्मत बदलेगी···"

अब लगा कि उस नावेल में जो कुछ मैंने लिखा था, वह मेरे ही अचेतन मन ने लिखवाया था···पर मैं आप लिखकर भी खुद नहीं समझ पाई थी···

अब कुदरत का यह इशारा पहचान में आया कि नीना ने मेरे सपने में जो उलाहना दिया था, वह मुझे नहीं दिया था, मेरे अन्दर जो दस पीढ़ियां पीछे जाकर कोई पूर्वज बैठा हुआ था, उसने उसे उलाहना दिया था···

मेरा कोई पूर्वज ज़रूर वह था—जिसने अपने हाड़-मांस से किसी बच्ची को जन्म देकर उसे अपनाया नहीं था···

और यह बच्ची की मां की भटकती आत्मा थी, जिसने मेरे पूर्वज को शाप दिया था···

अंक-ग्यारह

यही सपना था—वंश की ग्यारहवीं पीढ़ी में शाप-मुक्त होने का। कि यह अंक ग्यारह मेरे चेतन मन में अटककर रह गया—

नहीं जान सकती कि इस ग्यारह अंक का क्या राज़ है। पर यह जानती हूं कि मेरे होने वाले माता-पिता नन्द और राज ने जब गृहस्थाश्रम स्वीकार कर लिया, तो वह एक बच्चे की सूरत देखने के लिए बड़े व्याकुल रहे। पर दस साल बीत गए, वो बच्चे की सूरत नहीं देख सके। और फिर उनके वस्ल का ग्यारहवां साल था, जब उनके घर मेरा जन्म हुआ।

आगे—फिर इस अंक की माया देखी, कि मेरी शादी-शुदा जिन्दगी को दस साल हो गए थे, पर मैं अपने बच्चे की सूरत नहीं देख सकी थी। और फिर ग्यारहवां साल था, जब मेरे बेटे का जन्म हुआ।

आगे—अब फिर इस अंक का कौतुक देखा है कि मेरे बेटे के घर दस बरस के इन्तज़ार के बाद, ग्यारहवें वर्ष एक बच्ची का जन्म हुआ है।

तीन सपने और उनकी ताबीर

अपने बच्चे के लिए दस सालों की लम्बी इन्तजार के बाद, मैंने सपने में अपने बच्चे के मुंह से पहली आवाज़ सुनी थी - देखा कि मैं गमलों में लगे फूल पत्तों को पानी दे रही हूं, एक गमले में फूल की जगह बच्चे का चेहरा दिखाई देता है···

यह सपना मात्र मेरी कल्पना नहीं हो सकता। यह भविष्य-दर्शी सपना था—क्योंकि अगले साल ग्यारहवें साल मेरा बच्चा, मेरी ज़िन्दगी की हकीकत बन गया···

उन बरसों में मेरे सब सपने मुझे याद रहते थे। मैं उनको कहीं दर्ज नहीं करती थी। इसलिए सपने की तारीख क्या थी, यह याद नहीं। इसलिए सपने में और उसकी ताबीर में—कितने समय का अन्तर था, यही नहीं बता सकती···

पर दूसरी पीढ़ी के समय, मेरे बेटे की शादी के बाद, दस साल की लम्बी इन्तज़ार के बाद, मेरे पास वह तारीख दर्ज़ है, जब मैंने 6 जनवरी 1983 की रात उसके बच्चे को आसमान में देखा था, जहां ऊपर वह हल्के नीले बादलों के

एक कम्बल में लिपटा हुआ, बादलों के बिछोने पर सोया हुआ था···।

बच्चे का चेहरा कम्बल से बाहर था—शान्त और सोया हुआ। और सिर्फ एक महीने का समय गुज़रा था कि फरवरी में उसकी उमीद सामने आई, और उस बच्चे ने 14 अक्टूबर वाले दिन जन्म लिया···

इतनी इन्तज़ार सिर्फ पहले बच्चे की थी, दूसरे बच्चे का ख्याल तक भी जेहन में नहीं था, कि 1984 के अगस्त महीने, 21-22 तारीख की रात तीन बजे, देखा कि कुछ लोग आते हैं, और एक बीमार बच्चा मेरी गोदी में डाल जाते हैं। वह बच्चा इतना बीमार है कि उसे दूध या पानी का एक घूंट तक भी नहीं पच रहा···

और जब मैं बच्चे को गोदी में लेती हूं, तो वह हंसने लगता है···।

कुछ पता नहीं लगता कि वो लोग कौन थे, जो उस बीमार बच्चे को मेरी गोदी में डाल गए थे। साथ ही देखती हूं कि बच्चे के गले में पहने हुए कपड़े उसकी उल्टियों से भीगे हुए हैं, जो मैं उतार देती हूं, बच्चे का बदन पोंछती हूं, और सूखे कपड़े उसके गले में डालती हूं···।

और यह मेरे बेटे का दूसरा बच्चा है, जिसने 26 मई 1985 वाले दिन जन्म लिया। पर वह जन्म से ही इतना बीमार था कि पूरे चार महीने डॉक्टरों की हाजिरी में गुज़रे···

वह सारी सारी रात इस तरह रोता था कि मन डर सा जाता था···पर चार महीनों के बाद वह बच्चा बिल्कुल नीरोग हो गया···

यह सपने और इनकी ताबीर, मेरी ज़िन्दगी का वह मुअज़्ज़ा है, जो मुझे हैरान कर देता है···

'**लाल धागे का रिश्ता**' पुस्तक से

ooo